Hallwag
Taschenbuch

140

Botanik

Rosen — Mein Hobby

Dietrich Woessner

Hallwag Verlag
Bern und Stuttgart

Umschlagbild:
'Queen Elizabeth' (Königin Elisabeth)
Floribunda-Grandiflora-Rose
(Lammerts 1954)
Vorzügliche Gartenrose für alle Lagen!

Bildernachweis:
Arnold Auer
Fred Barbier, Braunwald Gl.
Cilag Chemie AG, Schaffhausen
Richard Huber, Dottikon AG
Ulrich Leibacher, Beringen SH
Dr. R. Maag AG, Dielsdorf ZH
Rolf Wessendorf, Schaffhausen
Dietrich Woessner, Neuhausen am Rheinfall

Gesamtherstellung: Hallwag AG Bern
ISBN 3 444 50146 3

Inhalt

5 **Einleitung**
6 **Rosenklassen**
12 **Gartenrosen und ihre Formen**
13 **Rosen im Garten**
17 **Lage und Standort**
Boden
18 **Die Bodenvorbereitung für das Pflanzen**
19 **Die Rosenpflanze**
20 **Wahl der Rosensorten**
22 **Rosensorten**
46 **Bestellung der Rosenpflanzen**
Pflanzzeit und Pflanzenabstände
47 **Vorbereiten der Rosenstöcke fürs Pflanzen**
48 **Das Pflanzen**
49 **Pflege der Rosen**
Schneiden der Rosen
55 Das Düngen
57 Bodenpflege
58 Bewässern
60 Entfernen verblühter Rosen
61 Entfernen wilder Bodentriebe (Schosse)
Winterschutz

64 Pflanzenschutz (Krankheiten und Schädlinge)
69 Physiologische und mechanische Schäden
72 **Rosen für die Bepflanzung von Schalen, Balkonkisten und Wannen**
76 **Gartenrosen, für die Vase geschnitten**
Die Arbeit im Rosengarten auf Termin
80 **Vereinigungen der Rosenfreunde**

Rosen — Mein Hobby

Einleitung

Der Garten gilt für den Menschen als Ort der Erholung. Der Mensch sucht immer häufiger seine Beziehung zu den Pflanzen zu vertiefen. Ist es nicht verständlich, daß alle, die keinen Garten zu betreuen haben, diesen Mangel durch Pflanzen auf dem Balkon oder auf der Terrasse zu ersetzen versuchen, da der Umgang mit Pflanzen den Lebensinhalt bereichert? Der Reichtum an Pflanzen ist derart mannigfach, daß sich jedermann die ihm besonders zusagenden zur Betreuung wählen kann.
Daß unter der großen Auswahl von Gartenpflanzen sicher die Rosen in der Wunschliste weit oben stehen, ist verständlich, denn die Rose wird zu der vollkommensten Blume überhaupt gezählt. Ihr großer Formen- und Farbenreichtum und der einmalige Duft begeistern den Menschen schon seit Jahrtausenden, und seither ist die Beziehung zu dieser Pflanze nie mehr abgebrochen — im Gegenteil. Ihre Beliebtheit hat derart zugenommen, daß wir heute von einer rosenbegeisterten Generation sprechen dürfen. Daß dem so ist, beweisen der alljährlich große Umsatz an Rosenpflanzen und die Aktivität der Rosenzüchter. Sie bringen jedes Jahr in der ganzen Welt Hunderte von Rosenneuheiten in den Handel, wodurch wir heute viele tausend Rosensorten besitzen. Dank diesem großen Reichtum läßt sich beinahe jeder Rosenwunsch erfüllen.
Der enorme Zuwachs bringt es leider mit sich, daß jedes Jahr bewährte ältere und oft auch gute alte Sorten aus den Anbauregistern gestrichen werden. Doch gibt es auch viele neue Sorten, die sich nur wenige Jahre halten können, da sie den Anforderungen in der Praxis nicht gewachsen sind, sei es durch ihre

Anfälligkeit gegen Krankheiten oder durch ihre Empfindlichkeit gegenüber der Witterung usw. Daraus ersehen wir, daß ein großer Teil der Rosensorten nur eine kurze Lebenschance hat. So wird es nur den überzeugten Rosenfreunden gelingen, in ihren Gärten ein beständiges Sortiment an Rosen zu beherbergen.

Bei den Rosen ist immer zu beachten, daß wir Beete anlegen mit Sorten, die sich erfahrungsgemäß über eine große Lebensdauer ausweisen. Die Rosenbeete dürfen nicht zu «Wechselblumenbeeten» umfunktioniert werden. Denn Rosen, auch die kleinsten Miniaturrosen, sind Gehölze, also Sträucher. Es muß ihnen daher schon im vornherein alles, was für eine lange Lebensdauer dient, zur Verfügung gestellt werden. Nur so können wir es uns leisten, Rosen zu halten. Der Pflegeaufwand wird dadurch wesentlich vereinfacht. So erleben wir die Rosen, trotz ihrer Stacheln, von der angenehmen Seite, denn der Rosenschmuck in unsern Gärten und um unsere Häuser gehört zum vornehmsten, was sich der Gartenfreund überhaupt wünschen kann.

Wer zu seinen Rosen eine echte Beziehung geschaffen hat, wird feststellen, daß ihm ein Wachstums- und Blüherfolg immer sicher ist. Dies trägt zur Harmonie zwischen Mensch und Natur bei.

Rosenklassen

Die Rose gehört zu den wohl kompliziertesten Pflanzen im botanischen Reich. Der Hauptgrund liegt in der überaus leichten Bastardisierung innerhalb ihrer Gattung. Außerdem wurden während Jahrhunderten Rosen aus allen Kontinenten zusammengetragen. Im weiteren haben die seit dem 16. und 17. Jahrhundert aufgenommenen systematischen Rosenzüchtungen zum überaus großen Arten- und Sortenbestand beigetragen.

Die durch Zucht gewonnenen Rosen werden zu Klassen vereinigt: wenn sie gleichen Ursprungs sind und in den meisten Merkmalen übereinstimmen, kommen sie in dieselbe Klasse.

Nachfolgend sollen nur jene Rosenklassen angeführt werden, die für den Rosenfreund von Bedeutung sein können. In diesem

Zusammenhang wird auch gleich auf die Verwendung der einzelnen Klassen im Garten hingewiesen.

Teerosen

Sie sind immer noch Inbegriff einer edlen Rose, Abkömmlinge der Bourbon- und Noisetterose. Sie fallen durch ihren eleganten Wuchs auf. Die Blumen werden ihrer schwachen Blütenstiele wegen meist etwas herabhängend getragen. Die Blüten sind edel geformt und verströmen einen zarten «Teerosenduft»! Ihre Farben sind Weiß, Zartgelb, Rosa und Aprikosenfarben in verschiedenen Tönungen.

Die Blätter sind glänzend, die Rinde der Triebe meist glatt, grün und wenig bestachelt. Meist sind sie den Kletterrosen zuzuweisen. Die meisten Teerosen sind sehr frostempfindlich, weshalb sie nur an sehr geschützten Lagen ausgepflanzt werden und unbedingt Winterschutz erhalten sollen! Hingegen lassen sie sich leicht im Gewächshaus kultivieren.

Heute noch erhältliche Sorten sind:

'Maréchal Niel' (Pradel 1864), zartgelb
'Devoniensis' (1858), gelb mit Zartrosa
'Gloire de Dijon' (Jacotot 1853), lachsgelb
'Lady Hillington' (Lowe & Strawyer 1910), tiefgelb

Die Teerosen wurden für die Einkreuzung bei der Rosenzucht vielseitig verwendet. Unter den vielen Teehybridrosen finden wir immer noch das edle Blut der Teerosen!

Remontant-Rosen

Sie werden als Vorläuferinnen der Edelrosen angesehen und dürfen zu den ersten *dauerblühenden* Rosen gezählt werden. Ihr Ursprung geht auf das 19. Jahrhundert zurück. Es entstanden viele tausend Sorten. Heute aber haben nur noch verhältnismäßig wenige eine Bedeutung, wie zum Beispiel:

'Eugen Fürst' (Soupert & Notting 1875), tief karmin mit Duft
'Ulrich Brunner fils' (Levet 1881), hell karmin mit Duft
'Mrs. John Laing' (Bennet 1887), rosa mit leichtem Lila
'Frau Karl Druschki' (Lamber 1901), weiß

Die Blüten sind durchwegs gut gefüllt. Die erwähnten Sorten erfreuen sich noch immer eines gesunden Wachstums und können als Busch-, Strauch- oder auch als kurz gezogene Spalierrose an Gartenzäunen gezogen werden.

Teehybridrosen
Sie gehören wohl zu den beliebtesten Rosen der Rosenfreunde. Wie der Name schon sagt, sind die Teehybriden durch eine Kreuzung — die erst um das 19. Jahrhundert systematisch vorgenommen wurde — zwischen einer Teerose und der Rose einer anderen Klasse entstanden.
Die Klasse der Teehybridrosen wird zu den Edelrosen gezählt und ist heute sicher die bedeutendste Rosenklasse. Ihre vielgestaltigen, vornehmen Blütenformen sowie die Begleitung des herrlichen Duftes machen sie zu einer der Beliebtesten unter der großen Rosenvielfalt. Die Blütenformen und der Farbenreichtum sind derart abwechslungsreich, daß man sie unbedingt zum Schönsten rechnen muß, was sich der Mensch überhaupt vorstellen kann — sie ist der Inbegriff einer «Rose».
Der Sortenreichtum ist so groß, daß es immer möglich sein wird, die gewünschte Rose in Farbe und Form für einen bestimmten Garten und für jede besondere Lage zu finden.

Floribunda-Grandiflora-Rosen
Sie unterscheiden sich in der Blütenform nur unwesentlich von den Teehybridrosen. Ihre hauptsächlichsten Unterscheidungsmerkmale liegen darin, daß die Blumen meist weniger stark gefüllt sind und daß die Rosen zu Büscheln vereint auf dem jeweiligen Trieb stehen. Als erste dieser Klasse erschien im Jahre 1954 die Sorte *Queen Elizabeth* (The Queen Elizabeth Rose). Sie ist ein Züchtungsprodukt von W. E. Lammerts, Livermore, Kalifornien. Durch die vorzügliche Qualität dieser Sorte erfolgte unweigerlich der Ruf nach weiteren, auf die man dann auch nicht lange zu warten brauchte. 1955 und 1956 erschienen bereits weitere Züchtungen, die zu den Floribunda-Grandiflora-Rosen einzureihen sind.
Werden diese Rosen einmal auch noch Duft besitzen, dann dürften sie zu den bedeutendsten Arten gezählt werden, und eine starke Verbreitung wäre ihnen sicher.

Floribunda-Rosen

Sie sind ausgesprochen vielblumig und verfügen meist über ziemlich große, einfache und halb bis ganz gefüllte Blüten. Ihr Farbenreichtum ist unerschöpflich, und die Blüten werden – vorwiegend auf straffen Blütenstielen – in Büscheln vereint getragen. In selteneren Fällen sind sie derart schwer, daß sie schon bei leichtem Regen herabhängen.

Die Floribunda-Rosen sind durch die Kreuzung der Teehybriden mit der Polyantha-Rose entstanden. Duft ist bei ihnen nur sehr selten anzutreffen. Wir finden aber Sorten, die den Vorteil haben, eine Höhe von 40 bis 100 cm zu erreichen, was ihre Verwendung im Garten wesentlich erleichtert.

Polyantha-Rosen

Zuverlässige Angaben über ihre Entstehung fehlen. Trotzdem ist darüber schon sehr viel geschrieben worden, was eher zu einer gewissen Verwirrung geführt hat. Sie entstanden um die Mitte des 19. Jahrhunderts. Besonders die Franzosen haben sich dieser Rose angenommen. Sicher dürfen die Polyantha-Rosen als die ersten *vielblumigen* Rosen bezeichnet werden! Polyantha kommt aus dem Griechischen (poly-anthos «Vielblumigkeit»). Die Eigenschaft der Vielblumigkeit und auch ihr anhaltendes Blühen hat ihnen auch zum Beinamen «Monatsrosen» verholfen.

Unter ihnen finden wir niedere, buschige Pflanzen, oft mit interessanten kugeligen (dem Trollius ähnlichen) Blüten, die an Lieblichkeit nichts vermissen lassen!

Polyantha-Hybrid-Rosen

Sie dürfen als Vorläufer der Floribunda-Rosen angesehen werden. Es ist meist sehr schwer, die beiden Gruppen genau zu unterscheiden.

Für die Praxis ist es von Vorteil, wenn wir zwischen den Polyantha-Hybriden und den Floribunda-Rosen keinen Unterschied machen. Beide können problemlos miteinander im gleichen Beet verwendet werden.

Miniaturrosen (Zwergrosen)
Ihre Entwicklung begann schon 1817. Ihr Ursprung mag in China zu suchen sein. Die in der Schweiz gefundene *Rosa Rouletii* ist unter die *Rosa chinensis minima* einzureihen und gehört zu der Grundform der heutigen Miniaturrosen. Vor allem machte sich anfänglich der spanische Rosenzüchter R. Pedro Dot um die Züchtung verdient. Heute bemühen sich die meisten Rosenzüchter um die kleinen Rosen, da sie sich gut für die Topf-, Schalen- und Balkongärtnerei eignen und sich einer großen Beliebtheit erfreuen. Die Farben- und Formenvielfalt ist groß. Ihre Gesundheit und ihr Wuchs ermöglichen eine vielseitige Verwendung.

Kletterrosen
Was wäre ein Garten ohne Kletterrosen! Die heute noch erhaltenen stilechten Rosengärten besitzen nur durch den Reichtum an Kletterrosen ihren Charme, der uns so zu bezaubern vermag. Als Folge der starken Verbreitung der sogenannten «Climbing-Rosen» ist das Sortiment an Kletterrosen stark angewachsen. Die «Climbing-Rosen» sind Sports (Mutationen) von Buschrosen aller Klassen. Ein «Sport» entsteht beim Teilungsvorgang durch irgendeine Veränderung an den Chromosomen. Dadurch können viele neue morphologische Merkmale entstehen, wie Peitschentriebbildung bei Buschrosen, Veränderung der Blütenfarbe, öfteres Blühen usw. Leider sind nicht alle Sorten der «Climbing-Gruppe» mit den Eigenschaften der oft empfohlenen «Dauerblütigkeit» ausgestattet. Hingegen sind neuere Kletterrosen durch gezielte Züchtung mit den allerbesten Tugenden wie Gesundheit und Blühwilligkeit versehen. Diese guten Eigenschaften wurden ihnen durch die *Rosa kordesii* gegeben.
Wir unterscheiden zwei Gruppen von Kletterrosen:
Bei der *ersten Gruppe* handelt es sich um Rosen mit meist langen, leicht biegsamen Trieben, die wohl nur *einmal blühen,* jedoch mit einer enormen Farbwirkung! Sie blühen an den einjährigen Trieben am intensivsten, was bei der Schnittarbeit zu beachten ist. Sie sind vorwiegend der Wichuraiana-Klasse zuzuordnen.

Raubritter, *Kletterrose (Hängerose) (Kordes 1936)*

Die Rosen der *zweiten Gruppe* besitzen meist weniger lange und nicht so leicht biegsame Triebe. Viele von ihnen weisen zudem die unschöne Eigenschaft auf, in den unteren Pflanzenpartien leicht kahl zu werden, was durch den Schnitt nicht wesentlich zu ändern ist. Kletterrosen, die zu dieser Gruppe gehören, blühen vorwiegend nur an den zwei- und mehrjährigen Trieben. Deshalb dürfen die Trieb-Enden *keine* Blüten bilden. In diesem Falle müßten sie zu den Strauchrosen gezählt werden.

Strauchrosen
Die Strauchrosen wurden früher auch «Parkrosen» genannt. Heute reihen wir sie alle unter Strauchrosen ein. Ausnahmen können noch bei Wild- und Botanischen Rosen geduldet werden.
Strauchrosen, gleichgültig, ob einmal- oder dauerblühend, gehören zu den dankbarsten Blütensträuchern überhaupt. Ihre Mannigfaltigkeit in Blütenfarben und -formen und ihr Fruchtschmuck wie auch der Habitus der Pflanzen verleihen einem Garten einen ganz besonderen Charakter. Sie lassen sich vielseitig verwenden.

Gartenrosen und ihre Formen

Die verschiedenen Pflanzenformen bieten eine breite Palette, so daß für jede Situation die Möglichkeit besteht, auf irgendeine Weise Rosen im Garten zu pflanzen.
Die Buschrosen stellen die für den Garten bedeutendste Rosenform dar. Sie verfügen über eine große Variation von Blütenformen, -farben sowie Wuchsformen.
Unter einer Buschrose verstehen wir eine Pflanze, die sich direkt über dem Boden zu einem Busch entwickelt. Sie wird auf den Wurzelhals einer Wildlingsunterlage okuliert. Der Veredlungsstelle muß beim Pflanzen eine ganz spezielle Aufmerksamkeit geschenkt werden.
Stammrosen (Rosenbäumchen) stehen jedem Garten besonders gut und präsentieren uns die Blüten in Augenhöhe. Vor allem jene Sorten, die einen eher schwachen Blütenstiel besitzen, kommen auf den Bäumchen besonders gut zur Geltung.
Die Stammrosen werden auf Wildlingsstämme von 50—100 cm Höhe okuliert. Eigentlich kann die Mehrzahl der Buschrosen dazu verwendet werden. Fast jeder Wunsch des Rosenliebhabers läßt sich hier erfüllen.
Hängerosen (Trauerrosen) sind auf 140—160 cm hohe Wildlingsstämme okulierte Kletterrosen. Man verwendet hierfür mit Vorteil Sorten mit schmiegsamen, leicht herabhängenden Trieben. Sie eignen sich speziell für die bestimmte Akzentuierung einer Gartenpartie.

Kletterrosen werden wie die Buschrosen auf den Wurzelhals okuliert. Sie lieben vor allem einen freien Standort. Hauswände wähle man nur ausnahmsweise für die Bekleidung mit Kletterrosen, da dort die meisten Sorten für Mehltau anfällig werden.
Strauchrosen. Unter ihnen haben wir Sorten, die auf den Wurzelhals okuliert werden, und solche, die durch Ausläufer vermehrt werden. Bei der Auswahl der letzteren ist besonders darauf zu achten, daß sie zur Ausläuferbildung neigen und nur an Böschungen und auf größeren Flächen — die mit Rosen überwuchert werden dürfen — Verwendung finden sollten, denn sonst haben wir Schwierigkeiten, im Garten Ordnung zu behalten.

Rosen im Garten

Obwohl wir in jedem Garten Rosen möchten, dürfen wir sie nicht beliebig plazieren. Wir wünschen uns Rosen an ganz speziellen Orten, zum Beispiel direkt vor dem Wohnzimmer, vor einer Gartenhalle, unmittelbar an einer Mauer usw. Dabei mißachten wir leichtfertig die wirklichen Anforderungen der Rosen. Die Folge davon ist eine unbefriedigende Entwicklung, was uns mehr Kummer als Freude bereitet. Der ideale Standort für Rosen ist immer ein freistehender. Wir müssen daher die Rosenbeete so anlegen und plazieren, daß die Rosen sich ungehemmt entfalten können.
Die Rosenbeete sollen derart in die Gärten eingeordnet werden, daß sie in einer gewissen Distanz zu Gebäulichkeiten zu stehen kommen. Dadurch ist ihre Wirkung von den Wohnräumen her wie auch über den ganzen Garten voll wahrzunehmen. Nur auf solche Art erleben wir den durch die Rosen angestrebten Charme in unseren Gärten. Stehen sie jedoch allzu nahe an Gebäuden und Mauern, so wirken die Rosen eingeengt, und ihr Entwicklungsraum ist dann sehr begrenzt.
Die Größe und Form der Rosenbeete haben sich immer den jeweiligen Gärten anzupassen, wobei auch die an die Rosenbeete grenzenden Pflanzen mit zu berücksichtigen sind. Nie dürfen Rosenbeete von Kies, Platten oder Asphalt umgeben sein. Dadurch würden die Rosen unter starkem Befall von Mehltau und

Spinnmilben (Rote Spinne) leiden, und auch die allgemeine Lebensdauer wäre stark verkürzt! Die ideale direkte Nachbarschaft für Rosen sind Rasen, Mauerpfeffer *(Sedum spureum* 'Album Superbum'), auch Buchs *(Buxus sempervirens* 'Suffruticosa') sowie andere flachwurzelnde und nicht stark wuchernde Polsterpflanzen. Buchseinfassungen lassen die Rosenbeete besonders vornehm wirken!

Da die Rosen über einen ganz speziellen Charakter und eine edle Form verfügen, dürfen nicht beliebige Pflanzen als Nachbarn verwendet werden oder in der Nähe ihrer Beete stehen. Zu beachten ist auch, daß es von Nachteil ist, wenn in ihrer allernächsten Nähe Pflanzen stehen, die zu den Rosengewächsen gehören, wie zum Beispiel Feuerdorn *(Pyracantha coccinea),* Feuerbusch *(Cydonia),* Felsenmispel *(Cotoneaster),* sowie Obstbäume verschiedenster Art, Brombeeren, Himbeeren usw. Die durch die Wurzeln solcher Gewächse entwickelten Giftstoffe (Toxine) schaden dem Wachstum der Rosen. Als Folge der enorm großen Auswahl an Rosen in Sorten und Formen

Alchymist, *Kletterrose (Kordes, 1956)*

A

B

C

D

A. **Pompon de Bourgogne,** *Strauchrose (1836)*
B. **Rosa foetida «Bicolor»,** *Strauchrose (Willmott, 1590)*
C. **F. J. Grottendorst,** *Strauchrose (de Goey 1918)*
D. **Mozart,** *Strauchrose (Lambert 1937)*

entstehen oft Gärten, die alles andere als Rosengärten darstellen. Oft finden wir Rosen in einem regelrechten Durcheinander. Rosen wollen überlegt zusammengestellt sein. Wenn immer möglich, sind sie nach Klassen geordnet zu pflanzen. Dadurch gestalten wir nicht nur ein schöneres Gartenbild, sondern das allgemeine Wachstum wird ebenfalls günstig beeinflußt.

Weniger große Schwierigkeiten bereitet uns die Zusammenstellung der Farben. Durch die Struktur der Blüten vertragen sich die Farben im allgemeinen sehr gut, wenn nicht gerade extreme Farben, zum Beispiel «Super-Star-Rot» und die bläuliche Sorte, 'Mainzer Fastnacht', sich gegenseitig berühren! Bei der Verwendung der Rosen sollten wir uns an folgende Regeln halten:

Teehybridrosen (Edelrosen [Buschrosen]) sind ausnahmslos allein in einem Beet zu verwenden. Nur so bewahren wir die Vornehmheit eines Rosenbeetes.

Hingegen dürfen wir Polyantha- und Floribunda-Rosen ohne Bedenken vereint in dasselbe Beet pflanzen. Floribunda-Grandiflora-Rosen, die ja eine große Ähnlichkeit mit Edelrosen aufweisen, verwenden wir mit Vorteil ebenfalls allein, da sie meist extrem hoch wachsen. Auf dieselbe Weise sollen wir bei der Verwendung der Remontant-Rosen vorgehen. Sie lassen sich auch leicht an Gartenzäune plazieren, an denen dann die oft langen Triebe angebunden werden können und solcherart bedeutend reicher blühen.

Bei den Buschrosen verwenden wir pro Sorte mindestens fünf Pflanzen. Je größer die jeweiligen Beete sind, um so mehr Stöcke pro Sorte sollten verwendet werden. Sie sind immer in Gruppen zusammenzupflanzen. Bunte Beete stehen einem Hausgarten viel besser an als Beete in nur einer Farbe. Zudem wirken sie lieblicher, und ein fortwährendes Blühen ist eher gewährleistet.

Die wieder aktuell werdenden *«Rosenbäumchen»* verstärken den «Rosengarten-Charakter» wesentlich! Damit können wir einzelnen Gartenteilen besondere Akzente geben. So lassen sie sich vorteilhaft zur Flankierung von Gartenwegen oder zur Markierung eines besonderen Gartenteils verwenden.

Die *Miniaturrosen* pflanzen wir mit Vorteil ebenfalls geschlossen in Beete. Sie sollten auf keinen Fall zur Bordürenbepflanzung irgendwelcher Art dienen. Sie eignen sich sehr gut für die Topf-, Schalen- und Wannenkultur!

Mit den *Kletterrosen* lassen sich einzelne Gartenteile voneinander trennen, und es kann insbesondere die Einsicht zu einem Sitzplatz verhindert werden, oder der Garteneingang läßt sich

mit einem Rosenbogen verschönern. Sie fühlen sich auch an freistehenden Pergolas sehr wohl und können so einem Garten ein eigenes Gepräge verleihen. Wenn wir uns nicht unnötige Pflegearbeit aufbürden wollen, sollten wir nur Ost- oder leicht nach Norden abgewendete Häuserwände damit bepflanzen.
Da die *Strauchrosen* zu den dankbarsten Blütensträuchern gehören, dürfen sie in keinem Garten fehlen. Die Sortenwahl wird von der Größe des zur Verfügung stehenden Raumes bestimmt. An den einmalblühenden Strauchrosen soll möglichst wenig geschnitten werden. Sie benötigen daher mehr Fläche, während die dauerblühenden Sorten mit weniger Raum auskommen, da sie leicht im Schnitt gehalten werden können.

Lage und Standort

Es trifft nicht zu, daß Rosen eine windgeschützte und besonders sonnige Lage bevorzugen! An solchen Lagen können sich sogar Krankheiten und Schädlinge besonders günstig entfalten. Es sollte statt dessen ein möglichst freier Standort gewählt werden, der zu jeder Zeit von allen Seiten Wind zuläßt.

Boden

Obwohl die Rosen in bezug auf den Boden nicht besonders hohe Ansprüche stellen, müssen wir doch auf einige besondere Punkte achten.
Rosen ertragen alte Gartenböden, auf denen während Jahrzehnten Gemüse, Beeren oder Wechselblumen kultiviert wurden, nur schlecht. Sie lieben einen möglichst unverbrauchten Boden, am idealsten ist Ackererde. Aber auch Böden, die während langer Zeit mit Rasen bewachsen waren, eignen sich gut. Müssen alte Rosenbeete regeneriert oder einzelne Rosen ausgewechselt werden, so ist die alte Erde 50—60 cm tief gegen neue, gesunde Ackererde auszuwechseln. Sie muß aber krümelig sein. Es darf keine allzu tonhaltige, knollige Erde verwendet werden, die vielleicht sogar «tote Erde» wäre. Nur zu oft entsteht dadurch viel Schaden an Rosen.

Ideale Verwendung von Stammrosen. Unterpflanzung mit Sommerblumen, dadurch können im Herbst die Kronen leicht in die Erde eingegraben werden.

Die Bodenvorbereitung für das Pflanzen

Der Boden darf nicht in zu nassem Zustande bearbeitet werden. Er ist sorgfältig und gründlich bis auf mindestens 60 cm Tiefe zu bearbeiten. Nur große, hindernde Steine werden entfernt, denn im allgemeinen helfen die Steine mit, den Boden besser zu durchlüften, und sie regulieren gleich auch die Bodentemperatur.

Die Bodensohle muß unbedingt gründlich gelockert werden, damit den Rosen für viele Jahre ein vollständiger Wasserabzug gesichert ist. Im Boden stagnierendes Wasser läßt Chlorose (Gelbwerden der Blätter) aufkommen, und die Rosen verkümmern bald. Vor dem Pflanzen der Rosenstöcke soll weder Dünger oder Torfmull noch Kompost der Erde beigemischt werden.

Kleiner «Stilrosengarten», der ähnlich in jeden Hausgarten einbezogen werden kann.

Die Rosenpflanze

Wer sich mit Rosen beschäftigen möchte, muß genügend Kenntnisse vom Wesen der Rosenpflanze besitzen.

Der größte Teil unserer Rosen ist auf Sämlingspflanzen verschiedener Rosenarten, wie z. B. *Rosa canina* und zahlreiche Abkömmlinge *Rosa coriifolia* 'Fröbeli' [Laxa], *Rosa multiflora* und andere) veredelt (okuliert). Dadurch entstehen meist widerstandsfähige und wüchsige Rosenpflanzen.

Rosen lassen sich auch durch Stecklinge vermehren. Andere Gruppen, wie zum Beispiel *Rosa foetida, Rosa gallica, Rosa pimpinellifolia (R. spinississima), Rosa rugosa* usw., vermehren sich selbst durch Ausläufer. Diese letzteren Rosen sind nur dort zu verwenden, wo wir ihrem Drang zur Ausbreitung keine Fesseln auferlegen müssen.

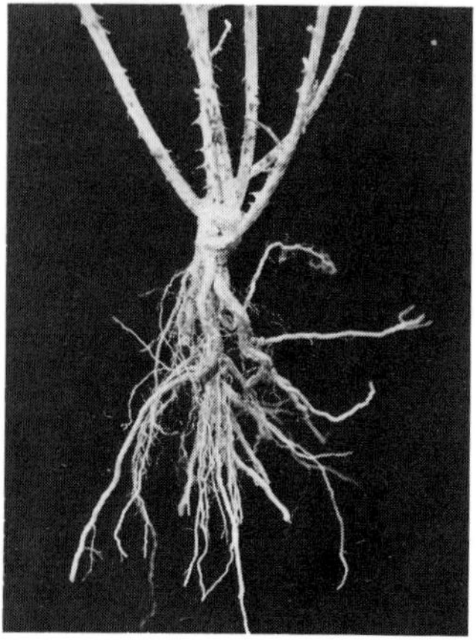

Rosenpflanze bester Qualität

Wurzelrückschnitt vor der Pflanzung

Von einer guten Rosenpflanze erwarten wir:
Gesundes und kräftiges Wurzelwerk, eine Krone von mindestens drei Trieben, gesunde Rinde und eine gut verwachsene Veredlungsstelle. Diese Eigenschaften finden wir am sichersten, wenn wir die Pflanzen bei einer Baumschule einkaufen können, die ihre Rosen unter ähnlichen Bedingungen heranzieht, wie sie dann später an ihrem endgültigen Standort vorhanden sind!

Wahl der Rosensorten

Wohl eines der schwierigsten Probleme für den Rosenfreund ist die Wahl der Rosensorten. Wenn man bedenkt, daß es deren Tausende gibt und jedes Jahr wieder eine große Zahl neuer Rosensorten in den Handel kommt, dann versteht man leicht, wieviel Mühe uns die Sortenwahl bereiten kann. Die Arbeit wird uns zudem durch die vielen farbig illustrierten Kataloge noch erschwert!

Ob sich eine Sorte eignet, kann erst nach einem etwa fünfjährigen Anbau mit Sicherheit festgestellt werden.
Wir tun bei der Auswahl gut daran, nach Sorten Umschau zu halten, die sich schon seit einer Reihe von Jahren bewährt haben. An den bei den Sortennamen angegebenen Jahreszahlen können wir dies leicht feststellen. Nur jemand, der schon Erfahrungen mit Rosen besitzt, darf sich an die letzten Neuheiten heranwagen.
Wenn wir uns mit der Sortenwahl beschäftigen, müssen wir bedenken, daß die einen Rosensorten sich über viele Jahrzehnte erhalten können, während andere schon nach wenigen Jahren wieder vom Markt verschwinden, da sie sich für eine Erhaltung nicht genügend bewährt haben.
Aus diesen Erfahrungen heraus haben wir die Sortenwahl getroffen und auf ein allzu großes Sortiment verzichtet. Dabei sind auch besondere Eigenschaften einzelner Sorten erwähnt. Ebenso ist auf spezielle Anforderungen bezüglich der Standorte hingewiesen. Bei den für Höhenlagen empfohlenen Sorten, wurde ihre Tauglichkeit in über fünfjährigen Versuchen in Braunwald/Glarus, in Höhen von 1260 bis 1600 m u. M., geprüft!
Die Rosensorten sind in alphabetischer Reihenfolge angeführt. Jede trägt den gültigen Sortennamen (in Klammer steht der Name des Züchters und das Jahr, in welchem sie in den Handel gelangte). Die Buchstaben hinter dem Namen geben die Klasse an, in welche die betreffende Sorte eingereiht ist:

T	= Teerosen
TH	= Teehybridrosen
P	= Polyantha-Rosen
Ph	= Polyantha-Hybrid-Rosen
Fl	= Floribunda-Rosen
Fl Gr	= Floribunda-Grandiflora-Rosen
Bourb	= Bourbonrosen
Rem	= Remontant-Rosen
Nois	= Noisetterosen
Min	= Miniaturrosen
Kl	= Kletterrosen
Str	= Strauchrosen

Bei den Sorten, die keine Duftangaben haben, *fehlt* der Duft!

Rosensorten

Alain Ph (Meilland 1948)
Blüte: blutrot, gefüllt, in Dolden blühend
Pflanze: buschig, unermüdlicher Blüher. Für Höhenlagen geeignet
60 cm hoch

Alberic Barbier Kl (Barbier 1900)
Blüte: zartes Gelb, aufgeblüht zartweiß, gut gefüllt, edle Form, wiederholt blühend, wenig Duft!
Pflanze: kräftig, bis 600 cm lange Triebe bildend, mit hakenförmigen spitzen Stacheln besetzt, Blätter glänzend

Albertine Kl (Barbier 1921); Bild S. 75
Blüte: lachsfarbig, erblüht kupferrosa, gefüllt, mit Duft!
Pflanze: kräftig, bis 600 cm lange Triebe bildend, kräftig bestachelt, einmalblühend, gesund

Alchymist Kl (Kordes 1956); Bild S. 14
Blüte: hellgelb, orange bis ins Braunrot übergehend, stark gefüllt
Pflanze: gesunder, kräftiger Wuchs, bis 400 cm lange Triebe bildend, einmalblühend. Für Höhenlagen geeignet

Allgold Fl (Le Grice 1958)
Blüte: goldgelb, gefüllt in kleinen Dolden blühend
Pflanze: gesunder, buschiger Wuchs, Blattwerk glänzend, bevorzugt nicht zu heiße Lage. Für Höhenlagen geeignet
60 cm hoch

Ama Ph (Kordes 1955)
Blüte: rubinrot, gefüllt, edelrosengleich, in Dolden blühend
Pflanze: kräftiger, gleichmäßiger Wuchs. Für Höhenlagen geeignet
60 cm hoch

American Home TH (Morey 1960)
Blüte: dunkelrot, samtig, gefüllt, kräftiger Duft!
Pflanze: gesunder, kräftiger Wuchs, sattgrünes Blattwerk
60 cm hoch

Rechts:
Alpiner Rosenprüfgarten «Alpenblick», *1260 m ü. M. Braunwald GL, mit Blick gegen den Ortsstock.*

American Pillar Kl (van Fleet 1902)
Blüte: karminrosa mit hellem Auge, einfach, in grossen Dolden blühend
Pflanze: kräftig, winterhart, an geschütztem Standort mehltauanfällig, bis 600 cm lange Triebe bildend, einmalblühend. Für Höhenlagen geeignet

Apricot Nectar Fl-Gr (Boerner/Jackson & Perkins 1965); Bild S. 31
Blüte: aprikosenfarbig, gefüllt, edle Form, Duft!
Pflanze: mittelstarker, breiter Wuchs, Blätter glänzend, mittelgrün, an feuchtem Standort anfällig auf Sternrußtau
60 cm hoch

Arturo Toscanini TH (Meilland 1971)
Blüte: geraniumrot, gefüllt
Pflanze: kräftiger Wuchs, gesundes Blattwerk 70 cm hoch

Baby Baccara Str (Meilland 1965)
Blüte: geranium- bis türkischrot, gefüllt, klein
Pflanze: mittelstarker Wuchs, gesund, außerordentlich blühwillig. Für Höhenlagen geeignet 150 cm hoch

Barbara Hauenstein TH (Poulsen 1957)
Blüte: dunkel silbrigrosa, gut gefüllt, Duft!
Pflanze: Wuchs kräftig, aufrecht, gesund. Für Höhenlagen geeignet 80 cm hoch

Baronne E. de Rothschild TH (Meilland 1969)
Blüte: purpurrot mit weißer Tönung, gefüllt, kugelige Form, Duft!
Pflanze: Wuchs mittelstark, gleichmäßig, gesund 70 cm hoch

Beauté TH (Mallerin 1953); Bild S. 62
Blüte: goldorange, gut gefüllt, auffallend schöne Blütenform
Pflanze: Wuchs kräftig mit gesundem Laub 60 cm hoch

Berlin Str (Kordes 1949)
Blüte: leuchtend rot, einfach, in Dolden blühend
Pflanze: Wuchs aufrecht, gesundes, glänzendes Blattwerk, Triebe mit kräftigen Stacheln, Dauerblüher 150 cm hoch

Bern TH (Huber 1975)
Blüte: hell kirschrot mit leichtem lila Anflug, Duft!
Pflanze: Wuchs mittelstark, breite Büsche bildend, ziemlich widerstandsfähig 50 cm hoch

Betty Prior Ph (Prior 1953)
Blüte: karminrosa, Mitte etwas heller, einfach, blüht in großen Dolden, vorzüglicher Dauerblüher
Pflanze: Wuchs kräftig, schöne Büsche bildend, gesund und frostresistent. Für Höhenlagen geeignet 80 cm hoch
Bischofstadt Paderborn Str (Kordes 1964)
Blüte: zinnoberlachs bis orangerot, Mitte weiß, einfach
Pflanze: Wuchs kräftig, tiefgrünes, glänzendes gesundes Laub, Dauerblüher! 180 cm hoch
Black Night TH (Huber 1975); Bild S. 35
Blüte: dunkelrot, samtig, gefüllt
Pflanze: Wuchs mittelstark, aufrecht 70 cm hoch
Blaze Kl (Kallay 1932)
Blüte: scharlachrot, halbgefüllt
Pflanze: Wuchs kräftig, gesund, öftersblühend, bis 500 cm lange Triebe bildend
Bonny Min (Kordes 1974)
Blüte: kräftigrosa, gefüllt, Duft!
Pflanze: Wuchs mittel, robuste Blätter. Für Bepflanzung von Gefäßen geeignet 25 cm hoch
Carina TH (Meilland 1963)
Blüte: mattrosa, gut gefüllt
Pflanze: Wuchs kräftig und gesund. Als Schnittrose geeignet 90 cm hoch
Carol Fl (Amling 1953)
Blüte: rosa, gefüllt
Pflanze: Wuchs mittelstark, blühwillig. Geeignet für die Kultur in Gefäßen und in Höhenlagen 40 cm hoch
Centenaire de Lourdes Fl (Delbard 1958)
Blüte: frisches, reines Rosa, halb gefüllt
Pflanze: Wuchs kräftig, glänzendes, gesundes Blattwerk. Für Höhenlagen geeignet bis 100 cm hoch
Chicago Peace TH (Johnson 1962)
Blüte: kupferiges Rosa, gut gefüllt
Pflanze: Wuchs kräftig, gesund 80 cm hoch
Clair Matin Str (Meilland 1960)
Blüte: zartrosa, halb gefüllt
Pflanze: Wuchs mittel, aufrecht, dauerblühend 150 cm hoch

Coral Dawn Kl (Boerner/Jackson & Perkins 1952)
Blüte: korallenrosa, locker gefüllt, Duft!
Pflanze: Wuchs kräftig und gesund, bis 300 cm lange Triebe bildend

Crêpe de Chine TH (Delbard 1970)
Blüte: karminrot mit leichtem orangefarbenen Anflug, leicht gefüllt
Pflanze: Wuchs kräftig, gesundes Laub — 60 cm hoch

Dagmar Späth Ph (Späth 1936)
Blüte: reinweiß, gefüllt
Pflanze: Wuchs mittel, zierlich, etwas mehltauanfällig — 40 cm hoch

Danse du Feu Kl (Mallerin 1953)
Blüte: geraniumrot, gefüllt, wetterfest
Pflanze: Wuchs mittelstark, gesunde Blätter, öftersblühend, 250 cm lange Triebe bildend

Dr. J. Verhagen TH (Verbeek 1962)
Blüte: leuchtend gelb, gefüllt, wenig Duft!
Pflanze: Wuchs mittel, gedrungen — 50 cm hoch

Frühlingsanfang, *Strauchrose (Kordes, 1950)*

Ticino, *Floribundarose (Huber 1978)*

Duftwolke TH (Tantau 1963)
Blüte: orange bis purpurrot, gefüllt, Duft!
Pflanze: Wuchs kräftig, gesund. Für Höhenlagen geeignet
60 cm hoch

Elegance Kl (Brownnell 1937)
Blüte: zitronengelb, gegen den Rand weißlich, gut gefüllt, edle Form
Pflanze: Wuchs kräftig, glänzende Blätter, einmalblühend, bis 400 cm lange Triebe bildend, etwas frostempfindlich

Elizabeth of Glamis Fl (McGredy 1964)
Blüte: lachsrot, auf goldigem Grund, locker gefüllt, Duft!
Pflanze: Wuchs kräftig, mit gesundem Laub 60 cm hoch
Eminence TH (Gaujard 1962)
Blüte: helles Mauve, mit zarter Rosatönung, gefüllt, Duft!
Pflanze: Wuchs kräftig, mit gesundem Blattwerk. Als Schnittrose und für Höhenlagen geeignet 80 cm hoch
Ena Harkness TH (Harkness 1946)
Blüte: scharlachrot, gefüllt
Pflanze: Wuchs mittel, buschig, gesund 70 cm hoch
Escapade Fl (Harkness 1967)
Blüte: lilarosa mit heller Mitte, leicht gefüllt, Duft!
Pflanze: Wuchs kräftig, hellgrünes glänzendes Laub, gesund. Für Höhenlagen geeignet 80 cm hoch
Etoile de Hollande TH (Verschuren 1919)
Blüte: dunkelrot, gefüllt, Duft!
Pflanze: Wuchs mittelstark, gedrungen. Für Höhenlagen geeignet 60 cm hoch
Europeana Fl (de Ruiter 1963)
Blüte: dunkelrot, leuchtend, gut gefüllt, blüht in Büscheln, Blütenstiele etwas schwach
Pflanze: Wuchs kräftig, rotgrünes Blattwerk, reichblühend, im Tiefland etwas mehltauanfällig. Für Höhenlagen geeignet
60 cm hoch
Eyepaint Fl (McGredy 1975); Bild S. 47
Blüte: scharlachrot mit weißem Auge, einfach
Pflanze: Wuchs mittelstark, buschig, gesundes Laub, kann als kleine Strauchrose gezogen werden 80 – 150 cm hoch
Félicité Parmentier Str (1834)
Blüte: fleischrosa, Mitte dunkler, gut gefüllt, Duft!
Pflanze: Wuchs kompakt, einmalblühend 200 cm hoch
Feria TH (Meilland 1969)
Blüte: orangegelb, gut gefüllt, leichter Duft!
Pflanze: Wuchs mittelstark, kräftiges gesundes Laub
70 cm hoch
Fidelio Fl (Meilland 1964)
Blüte: leuchtend geraniumrot, gut gefüllt
Pflanze: Wuchs mittel, aufrecht und buschig 80 cm hoch

Florian Fl (Meilland 1971)
Blüte: leuchtendes Johannisbeerrot, gefüllt, blüht in Büscheln
Pflanze: Wuchs mittelstark, aufrecht, schöne Büsche bildend, gesund. Für Höhenlagen geeignet 70 cm hoch

F. J. Grootendorst Str (de Goey 1918); Bild S. 15
Blüte: weinrot, gut gefüllt (Nelkenrose)
Pflanze: Wuchs aufrecht, buschige dichte Pflanze bildend, öftersblühend 200 cm hoch

Frau Astrid Späth Ph (Späth 1930)
Blüte: korallenrosa, gefüllt
Pflanze: Wuchs mittel, gedrungen 40 cm hoch

Frau Karl Druschki Rem (Lambert 1901)
Blüte: beim Aufgehen karmin überlaufen, die offene Blüte reinweiß, gut gefüllt
Pflanze: Wuchs kräftig, Triebe stark bestachelt, Laub mattgrün 100 cm hoch

Friesia Fl (Kordes 1973); Bild S. 55
Blüte: leuchtendes Goldgelb, gut gefüllt
Pflanze: Wuchs mittel, buschig, glänzendes gesundes Blattwerk 70 cm hoch

Fritz Nobis Str (Kordes 1940)
Blüte: silbrigrosa, gefüllt, Duft!
Pflanze: Wuchs kräftig, große ausladende Büsche bildend, einmalblühend, große Hagebutten bildend bis 300 cm hoch

Frühlingsanfang Str (Kordes 1950); Bild S. 26
Blüte: milchweiß, einfach, Duft!
Pflanze: Wuchs kräftig, einmalblühend bis 300 cm hoch

Frühlingsduft Str (Kordes 1949)
Blüte: rosa mit gelber Mitte, gefüllt, Duft!
Pflanze: Wuchs kräftig, aufrecht, einmalblühend 200 cm hoch

Frühlingszauber Str (Kordes 1942)
Blüte: leuchtend kirschrot, leicht gefüllt, Duft!
Pflanze: Wuchs kräftig, ausladend, einmalblühend, große orangefarbene Hagebutten 300 cm hoch

Fuge Kl (Meilland 1958); Bild S. 42
Blüte: samtig granat- bis scharlachrot, gefüllt
Pflanze: Wuchs kräftig, gesund, öftersblühend, bis 400 cm lange Triebe bildend

Gerbe Rose, *Kletterrose (Fauque 1904)*

Gerbe Rose Kl (Fauque 1904); Bild oben
Blüte: dunkelrosa mit zartem Lilahauch, halbgefüllt, Duft!
Pflanze: Wuchs kräftig, fast stachellos, gesund, einmalblühend, bis 600 cm lange Triebe bildend

Golden Wings Str (Schepherd/Bosley 1956)
Blüte: schwefel- bis rahmgelb, einfach, der Grund der Staubblätter ist orangefarben umhöft
Pflanze: Wuchs kräftig, Laub hellgrün, matt 180 cm hoch

Gloire de Dijon Kl (Jacotot 1853)
Blüte: lachsorange, gegen die Mitte orangegelb, gut gefüllt, Duft!
Pflanze: Wuchs mittel, gesund, öftersblühend, bis 400 cm lange Triebe bildend

Gruß an Aachen Fl (Geduldig 1909)
Blüte: zartrosa mit gelblichem Schimmer, gut gefüllt, Duft!
Pflanze: Wuchs mittel, hellgrünes gesundes Laub 60 cm hoch

Apricot Nectar, *Floribundarose (Boerner 1965)*

Gruß an Heidelberg Kl (Kordes 1959)
Blüte: intensiv feuerrot, gut gefüllt, edle Form!
Pflanze: Wuchs mittel, dunkelgrüne, gesunde Belaubung, eignet sich auch sehr gut als Strauchrose. Für Höhenlagen geeignet 200 cm hoch

Guinée Kl (Mallerin 1938)
Blüte: samtig dunkelrot, gut gefüllt, Duft!
Pflanze: Wuchs mittel, die unteren Pflanzenpartien bleiben meist kahl, wiederholt blühend, bis 400 cm lange Triebe bildend

Händel Str (McGredy 1965); Bild S. 47
Blüte: weiß mit karminrosarotem Rand, locker gefüllt, Duft!
Pflanze: Wuchs mittel mit gesundem glänzendem Laub, öftersblühend 180 cm hoch

Holstein Ph (Kordes 1938)
Blüte: leuchtend weinrot, einfach
Pflanze: Wuchs mittel, gesund 50 cm hoch

Ilse Krohn Superior Kl (Kordes 1964); Bild S. 63
Blüte: cremeweiß, gut gefüllt, edel, Duft!
Pflanze: Wuchs kräftig, gesund, frosthart, öftersblühend, 300 cm lange Triebe bildend

Interflora TH (Meilland 1970)
Blüte: salmorangerot, gut gefüllt
Pflanze: Wuchs kräftig, aufrecht, gesund. Gute Schnittrose und für Höhenlagen geeignet 80 cm hoch

Joseph Guy Fl (Nouin 1924)
Blüte: hell karminrosa, halbgefüllt
Pflanze: Wuchs mittel, buschig. Für Höhenlagen 40 cm hoch

Joséphine Baker TH (Meilland 1973)
Blüte: dunkelrot, gut gefüllt
Pflanze: Wuchs mittel, aufrecht, mit gesundem Blattwerk. Für Höhenlagen geeignet 80 cm hoch

Josephine Bruce TH (Bees Ltd 1950)
Blüte: samtig dunkelrot, gefüllt, Duft!
Pflanze: Wuchs mittelstark, breite Büsche bildend 50 cm hoch

Josephine Wheatcroft Min (Dot 1951)
Blüte: pastellgelb, locker gefüllt
Pflanze: Wuchs mittel, gesund. Zur Bepflanzung von Gefäßen geeignet 25 cm hoch

Kabuki TH (Meilland 1968)
Blüte: dunkelgelb, gut gefüllt, edle Form
Pflanze: Wuchs mittel, glänzendes gesundes Blattwerk
70 cm hoch

Kerry Gold Fl (Dickson 1967)
Blüte: dunkelgelb, äußere Blütenblätter rötlich angelaufen, gut gefüllt
Pflanze: Wuchs kräftig, gesunde, glänzende Blätter 60 cm hoch

King's Ransom TH (Jackson & Perkins 1961)
Blüte: reines Goldgelb, gut gefüllt, edle Form, Duft!
Pflanze: Wuchs kräftig, mit glänzenden, gesunden Blättern. Gute Schnittrose und für Höhenlagen geeignet 80 cm hoch

Königliche Hoheit TH (Conrad Pyle comp. 1962)
Blüte: zartes Hellrosa, gut gefüllt, Duft!
Pflanze: Wuchs kräftig, aufrecht mit gesundem Laub. Gute Schnittrose 80 cm hoch

Königin von Dänemark Str (seit 1826 bekannt
Blüte: fleischrosa, in der Mitte etwas dunkler, gut gefüllt, Duft!
Pflanze: Wuchs mittelstark, gesund, einmalblühend
180 cm hoch

Lagerfeuer Fl (Tantau 1958)
Blüte: leuchtend rot, gefüllt
Pflanze: Wuchs mittel, gesund. Für Höhenlagen geeignet
70 cm hoch

La Reine Victoria Str (1872)
Blüte: hellrot bis dunkelrosa, Form kugelig, Duft!
Pflanze: Wuchs mittel, mit sattgrünem Blattwerk, öfters blühend 150 cm hoch

Lilli Marleen Fl (Kordes 1959)
Blüte: dunkelrot, gefüllt
Pflanze: Wuchs mittel, buschig, gut verzweigt, gesundes sattgrünes Laub 50 cm hoch

Little Wonder Fl (Huber 1975)
Blüte: leuchtendes Lachs, halbgefüllt, Duft!
Pflanze: Wuchs mittel, breit mit gesundem Blattwerk
60 cm hoch

Lusambo TH (Meilland 1973)
Blüte: leuchtend blutrot, gut gefüllt

Pflanze: Wuchs kräftig, ausladend, die Blätter sind widerstandsfähig 70 cm hoch

Mme A. Meilland TH (Meilland 1945)
Blüte: kanariengelb mit karminrotem Rand, gut gefüllt
Pflanze: Wuchs kräftig, sattgrünes, gesundes Blattwerk 70 cm hoch

Mme Grégorie Staechelin Kl (Dot 1927); Bild S. 70
Blüte: pastellrosa, gut gefüllt
Pflanze: Wuchs kräftig, gesund, einmalblühend, große grüne Hagebutten bildend, 400 cm lange Triebe bildend

Schneewittchen, *Strauchrose (Kordes 1958)*

Black Night, *Teehybridrose (Huber 1975)*

Mme Jules Bouché TH (Croibier 1911)
Blüte: cremeweiß, in der Mitte zartes Lachsrosa, gut gefüllt, Duft!
Pflanze: Wuchs mittel, etwas zart. In exponierten Lagen ist Winterschutz empfehlenswert, als Schnittblume geeignet
80 cm hoch

Mme Louis Lévêque Str (1898); Bild S. 39
Blüte: zartrosa, kräftig gefüllt, Duft!
Pflanze: Wuchs mittelstark, bemoost, öfters blühend
150 cm hoch

Mainzer Fastnacht TH (Tantau 1955)
Blüte: hellila, gut gefüllt, Duft!
Pflanze: Wuchs kräftig, aufrecht, Blätter dunkelgrün, gesund
80 cm hoch

Maiwunder Str (Kordes 1966)
Blüte: leuchtend goldgelb, Form edel, Duft!
Pflanze: Wuchs mittel, aufrecht, Triebe stark bestachelt, einmalblühend 150 cm hoch

Maréchal Niel T (Kl) Nois (Pradel 1864)
Blüte: zartgelb, gut gefüllt, edle Form
Pflanze: Wuchs kräftig, Blätter hellgrün und glänzend, bis 300 cm lange Triebe bildend. Im Freiland benötigt sie unbedingt Winterschutz!

Margo Koster P (Koster 1931)
Blüte: lachsorange, gefüllt, ballenförmig
Pflanze: Wuchs mäßig, sehr gesund. Sehr geeignet für die Bepflanzung von Gefäßen 35 cm hoch

Maria Callas TH (Meilland 1965)
Blüte: rosa bis hellrot, gut gefüllt
Pflanze: Wuchs kräftig, gesundes, glänzendes Blattwerk
70 cm hoch

Max Graf Str (Bowditsch 1919)
Blüte: rosa bis lilarosa, einfach
Pflanze: Wuchs kräftig, glänzendes Blattwerk, gesund, die bis 200 cm langen Triebe legen sich auf den Boden. Als Bodenbedecker vorzüglich, auch für Höhenlagen geeignet

Michèle Meilland TH (Meilland 1945)
Blüte: zartrosa mit Lachs, gut gefüllt
Pflanze: Wuchs mittelstark, buschig, nicht an zu extrem sonnigen Lagen pflanzen 60 cm hoch

Minijet Min (Meilland 1977)
Blüte: matt karminrosa, wenig gefüllt
Pflanze: Wuchs kräftig, gesund. Für Bepflanzung von Gefäßen geeignet 40 cm hoch

Mrs. John Laing Rem (Bennet 1887)
Blüte: zartrosa, leicht lila angehaucht, gut gefüllt, Duft!
Pflanze: Wuchs kräftig, mit bläulichgrünen Blättern, gesund
100 cm hoch

Mister Lincoln TH (Swim & Weeks 1964)
Blüte: samtig dunkelrot, gut gefüllt, Duft!
Pflanze: Wuchs kräftig, aufrecht, gesundes großes Blattwerk. Gute Schnittrose 80 cm hoch
Moulin Rouge Ph (Meilland 1952)
Blüte: johannisbeerrot, gut gefüllt
Pflanze: Wuchs kräftig, dunkelgrünes gesundes Blattwerk. Für Höhenlagen geeignet 70 cm hoch
Mozart Str (Lambert 1937); Bild S. 15
Blüte: hellrot mit weißem Auge, einfach
Pflanze: Wuchs buschig, breit, sehr reich blühend. Für Höhenlagen geeignet 150 cm hoch
New Dawn Kl (Somerset Nursery 1930)
Blüte: zartrosa, gut gefüllt, edle Form, Duft!
Pflanze: Wuchs kräftig, tiefgrünes, glänzendes, gesundes Blattwerk, gelegentlich vereinzeltes Nachblühen möglich, bis 800 cm lange Triebe bildend. Für Höhenlagen geeignet
New Yorker TH (Jackson & Perkins 1947)
Blüte: dunkelrot, gut gefüllt, Duft!
Pflanze: Wuchs kräftig mit gesundem Blattwerk 70 cm hoch
Nina Weibull Fl (Poulsen 1961)
Blüte: matt blutrot, gefüllt, in Dolden blühend
Pflanze: Wuchs mittel, gleichmäßig und gut verzweigt. Für Höhenlagen geeignet 70 cm hoch
Norita («Schwarze Rose») TH (Combe 1966)
Blüte: samtig schwarzrot, gut gefüllt
Pflanze: Wuchs mittel, aufrecht, gut verzweigt 70 cm hoch
Orange Sensation Ph (de Ruiter 1961)
Blüte: leuchtend orangerot, gut gefüllt
Pflanze: Wuchs mittel, gedrungen, gesund. Für Höhenlagen geeignet 60 cm hoch
Orange Triumph P (Kordes 1937)
Blüte: orangescharlachrot, gefüllt, klein
Pflanze: Wuchs kräftig, in freiem Standort gesund, sonst etwas mehltauanfällig. Für Höhenlagen geeignet 60 cm hoch
Papa Meilland TH (Meilland 1963)
Blüte: samtig dunkelrot, gut gefüllt, edle Form, Duft!
Pflanze: Wuchs mittel, aufrecht, große Blätter, im Tiefland et-

Swiss Fire, *Teehybridrose (Huber 1975)*

was mehltauanfällig. Gute Schnittrose und für Höhenlagen geeignet

Paprika Ph (Tantau 1958)
Blüte: paprikarot, halbgefüllt
Pflanze: Wuchs kräftig, gesundes, glänzendes Blattwerk
60 cm hoch

Parfum de l'Hay Str (1901)
Blüte: kirschrot, verfärbt sich leicht blau, halbgefüllt, Duft!
Pflanze: Wuchs mittel, gesund, öftersblühend. Für Höhenlagen geeignet
200 cm hoch

Pascali TH (Lens 1963)
Blüte: blendend weiß, gut gefüllt, edle Form
Pflanze: Wuchs kräftig, mit gesundem Blattwerk. Gute Schnittrose und für Höhenlagen geeignet 80 cm hoch

Paul's Scarlet Climber Kl
Blüte: scharlachrot, halbgefüllt
Pflanze: Wuchs mittel, gesundes Blattwerk, einmalblühend, 500 cm lange Triebe bildend

Mme Louis Lévêque, *Strauchrose (1898)*

Peter Frankenfeld TH (Kordes 1966)
Blüte: karminrot, gut gefüllt
Pflanze: Wuchs kräftig, gesund. Für Höhenlagen geeignet
70 cm hoch

Pink Grootendorst Str (Grootendorst 1923)
Blüte: reinrosa, gefüllt, Nelkenrose
Pflanze: Wuchs aufrecht, buschig, stark bestachelt
200 cm hoch

Pompon de Bourgogne Str (1664) (Rosa centifolia 'Parvifolia'); Bild S. 15
Blüte: sauberes frisches Rosa, klein, gefüllt
Pflanze: Wuchs mittel, läßt ohne Nachteil im Sommer gerne die Blätter fallen! Einmalblühend 80 cm hoch

Pußta Fl (Tantau 1972)
Blüte: leuchtend dunkelrot, gefüllt
Pflanze: Wuchs mittel, gesund. Für Höhenlagen geeignet
60 cm hoch

Queen Elisabeth Fl-Gr (Lammerts 1954)
Blüte: silbrigrosa, leicht ins Lachs übergehend, stark gefüllt
Pflanze: Wuchs kräftig mit gesundem Blattwerk. Für Höhenlagen geeignet 100 cm hoch

Rapperswil TH (Huber 1975); Bild S. 54
Blüte: leuchtend rot auf hellem Grund, gefüllt, Duft!
Pflanze: Wuchs mittel, gut verzweigt 60 cm hoch

Raubritter Str (Rosa macrantha); Bild S. 11
Blüte: hellrosa gut gefüllt, Duft!
Pflanze: Wuchs kräftig, leicht kletternd oder liegend, 200 cm lange Triebe bildend

Rosa centifolia 'Cristata' [Chapeau de Napoléon] Str (1820)
Blüte: rosa, gefüllt, Duft! Die Kelchblätter sind verwachsen und bemoost
Pflanze: Wuchs kräftig, gerne etwas überhängend, einmalblühend. Möglichst nicht an Böschungen pflanzen 250 cm hoch

Rosa centifolia 'Mucosa' [Moosrose] Str (1724); Bild S. 47
Blüte: rosa, dicht gefüllt, Duft! Blütenstiele und Kelch stark bemoost
Pflanze: Wuchs mittelstark, gesund, einmalblühend. Möglichst nicht an Böschungen pflanzen 100 cm hoch

Rosa chinensis 'Viridiflora' Str (1855) [grüne Rose]
Blüte: grün, gefüllt, Duft!
Pflanze: Wuchs eher schwach, gesund, winterhart 60 cm hoch
Rosa foetida 'Bicolor' [Kapuzinerrose] Str (1590); Bild S. 15
Blüte: dunkelgelb bis orangerot, einfach
Pflanze: Wuchs locker, etwas rostanfällig, einmalblühend 150 cm hoch
Rosa rugosa (Kartoffelrose) Str
Blüte: rosa bis violettrot, einfach, Duft!
Pflanze: Wuchs aufrecht bis ausladend, apfelförmige Hagenbutten bildend. Für Höhenlagen geeignet 180 cm hoch
Rosina Min (Dot 1942)
Blüte: leuchtend gelb, gefüllt
Pflanze: Wuchs mäßig, gesund. Für die Bepflanzung von Gefäßen geeignet 30 cm hoch
Roter Stern TH (Meilland 1958)
Blüte: menningrot-türkischrot, gefüllt
Pflanze: Wuchs kräftig, aufrecht, gesundes Blattwerk. Als Schnittrose und für Höhenlagen geeignet 80 cm hoch
Sarabande Ph (Meiland 1957)
Blüte: leuchtend geraniumrot, leicht gefüllt
Pflanze: Wuchs mittel, breit 50 cm hoch
Scarlet Gem Min (Meilland 1961)
Blüte: leuchtend blutrot, gut gefüllt
Pflanze: Wuchs kompakt, gesundes Laub. Zur Bepflanzung von Gefäßen geeignet 25 cm hoch
Scarletta Min (de Ruiter 1972)
Blüte: dunkel orangerot, leicht gefüllt
Pflanze: Wuchs buschig, kompakt, dichte Belaubung. Für die Bepflanzung von Gefäßen geeignet 30 cm hoch
Schweizer Gold TH (Kordes 1974)
Blüte: leuchtend hellgelb, gut gefüllt, edle Form, Duft!
Pflanze: Wuchs kräftig, mit gesundem Laub. Als Schnittblume geeignet 100 cm hoch
Schweizer Gruß Ph (Tantau 1952)
Blüte: samtig dunkelrot, halbgefüllt
Pflanze: Wuchs kräftig, buschig, an geschützten Lagen etwas mehltauanfällig. Für Höhenlagen geeignet 60 cm hoch

Fugue, *Kletterrose (Meilland 1958)*

Schneewittchen Ph-Str (Kordes 1959); Bild S. 34
Blüte: reinweiß, gefüllt, edel
Pflanze: Wuchs mittel, gesund, Dauerblüher. Für Höhenlagen geeignet 120 cm hoch
Silva TH (Meilland 1964); Bild S. 58
Blüte: lachs bis dunkelrosa, in der Mitte am Saum gelb überzogen, gut gefüllt
Pflanze: Wuchs, kräftig, aufrecht, widerstandsfähig, gesund. Für Höhenlagen geeignet 80 cm hoch

Sun King, *Teehybridrose (Meilland 1974)*

Sonia Meilland Fl [TH?] (Meilland 1973)
Blüte: prozellanrosa, edle Form, gefüllt
Pflanze: Wuchs mittel, aufrecht, derbes gesundes Laub
70 cm hoch

Souvenir de la Malmaison Bourg (Béluge 1843)
Blüte: zartrosa, später fast ins Weiß übergehend, stark gefüllt geviertelt. Duft!
Pflanze: Wuchs mittel, gelegentlich etwas mehltauanfällig
60 cm hoch

Sparrishoop Str (Kordes 1952)
Blüte: lachsrosa, Blüttenblätter leicht gewellt, einfach
Pflanze: Wuchs kräftig, gesunde glänzende Blätter, dauerblühend 200 cm hoch

Stadt Rosenheim Str (Kordes 1961); Bild S. 59
Blüte: leuchtend lachs bis hell geraniumrot, gut gefüllt
Pflanze: Wuchs kräftig, aufrecht, öfterblühend 150 cm hoch

Starina Min (Meilland 1968)
Blüte: kirschrot, gefüllt, edelrosenförmig
Pflanze: Wuchs gut, buschig, glänzendes gesundes Blattwerk. Zur Bepflanzung von Gefäßen geeignet 35 cm hoch

Stephanie de Monaco TH (all American Award Winner-Rose 1972)
Blüte: mittel rosarot, mit helleren Petalen, gut gefüllt, Duft!
Pflanze: Wuchs kräftig und gesundes Blattwerk 80 cm hoch

Sun King TH (Meilland 1974); Bild S. 43
Blüte: leuchtend ockergelb, gut gefüllt
Pflanze: Wuchs gut, gesundes Blattwerk 70 cm hoch

Sunmaid Min (Spek 1972)
Blüte: goldgelb mit Orange, später in Rot übergehend, gut gefüllt
Pflanze: Wuchs gut, buschig, glänzendes dunkelgrünes Laub. Für die Bepflanzung von Schalen geeignet 30 cm hoch

Super Star TH (Tantau 1960)
Blüte: orangelachs, gut gefüllt
Pflanze: Wuchs kräftig, aufrecht, mehltauanfällig 70 cm hoch

Sutters Gold TH (Swim-Armstrong 1950)
Blüte: goldgelb mit rötlichem Schimmer, gefüllt, Duft!
Pflanze: Wuchs mittelstark, gesunde glänzende Blätter. Als Schnittrose und für Höhenlagen geeignet 80 cm hoch

Sweet Home Fl (Meilland 1971)
Blüte: Phloxrosa, gefüllt, elegante Form
Pflanze: Wuchs mittel, gesundes dunkelgrünes Blattwerk
70 cm hoch

Swiss Fire TH (Huber 1975); Bild S. 38
Blüte: feurig- bis geraniumrot, gut gefüllt, Duft!
Pflanze: Wuchs kräftig, buschig 60 cm hoch

Sympathie Kl (Kordes 1964)
Blüte: samtig dunkelrot, gut gefüllt, Duft!
Pflanze: Wuchs kräftig, gesund, mit sattgrünem Laub, öftersblühend, bis 300 cm lange Triebe bildend

Tausendschön Kl (Schmidt 1906)
Blüte: dunkelrosa, Mitte etwas heller, gefüllt
Pflanze: Wuchs kräftig, stachellos, einmalbühend
600 cm lange Triebe

The Fairy Str (Bentall 1932)
Blüte: hellrosa, rosettenförmig, gefüllt
Pflanze: Wuchs gedrungen, gesund, Dauerblüher 60 cm hoch

Ticino Fl (Huber 1978); Bild S. 27
Blüte: geraniumrot, gut gefüllt, Duft!
Pflanze: Wuchs kräftig, aufrecht, dunkelgrünes, ledriges Blattwerk, gesund 120 cm hoch

Tradition TH (Kordes 1966)
Blüte: strahlendes Dunkelrot, gefüllt
Pflanze: Wuchs mittel, gesund. Für Höhenlagen geeignet
80 cm hoch

Urdh Str (Tantau 1930)
Blüte: kräftig rosa, gut gefüllt, Duft!
Pflanze: Wuchs gut, buschig, remontiert leicht 120 cm hoch

Veilchenblau Kl (Schmidt 1909)
Blüte: purpurviolett, mit hellem Auge, locker gefüllt
Pflanze: Wuchs kräftig, gesund, stachellos, einmalblühend, bis 400 cm lange Triebe bildend

Westerland Str (Kordes 1969)
Blüte: leicht gelb mit Orange, halbgefüllt, Duft!
Pflanze: Wuchs sehr kräftig, Laub groß, sattgrün, gesund, öftersblühend 150 cm hoch

Western Sun TH (Poulsen 1965)
Blüte: leuchtend orangegelb, gut gefüllt, Duft!
Pflanzen: Wuchs kräftig, sattgrünes, glänzendes gesundes Blattwerk. Als Schnittrose gut geeignet 70 cm hoch

Wizo TH (Kriloff 1968)
Blüte: menningrot mit hellem Grund, Duft!
Pflanze: Wuchs kräftig, mit gesundem Blattwerk. Als Schnittrose und für Höhenlagen geeignet 90 cm hoch

Zéphirine Drouhin Str (Bizot 1868)
Blüte: rosa bis hellrot, halbgefüllt, Duft!
Pflanze: Wuchs mäßig, breit, stachellos, an geschütztem Standort etwas mehltauanfällig. Für Höhenlagen geeignet
200 cm hoch

Bestellung der Rosenpflanzen

Die Rosen für eine Neu- oder Ergänzungspflanzung sind schon im Spätsommer zu besorgen, damit wir uns die gewünschten Sorten auf die vorgesehene Pflanzzeit hin sichern können. Der Liefertermin kann beliebig vereinbart werden. Eine Bestellung muß alle Angaben über Sorten, Zahl und Formen enthalten, ebenso sollte der Besteller erwähnen, ob er Ersatzlieferungen wünscht oder nicht.

Pflanzzeit und Pflanzenabstände

Sorgfältige Pflanzarbeit ist die Voraussetzung für ein gutes Wachstum, erwarten wir doch von einer Rosenpflanze eine Lebensdauer von mindestens zwanzig Jahren.
Ob wir die *Herbst- oder die Frühjahrspflanzung* wählen, ist gleichgültig. Bei der späteren Frühjahrspflanzung blühen die Rosen nur etwas später.
Bei den *Buschrosen* sind die *Pflanzenabstände* so zu wählen, daß pro m^2, je nach Wüchsigkeit der einzelnen Sorten, 8 — 12 Pflanzen Platz haben. Im Sommer müssen die Rosenblätter die Beete vollständig überdecken. Dadurch erhalten wir gesündere Pflanzenbestände.
Die *Stammrosen* pflanzen wir in geschlossenen Beeten in einem Abstand von 80 — 100 cm, 150 — 200 cm bei Anpflanzung in Reihe. Hängerosen verwenden wir vorteilhaft als Einzelpflanzen.
Kletterrosen benötigen je nach ihrer Wuchsstärke einen Abstand von 3 — 12 m. Sie befriedigen nur dann vollauf, wenn ihnen genügend Entwicklungsraum zur Verfügung steht!
Strauchrosen gelangen zur größten Wirkung, wenn sie einzeln oder zu kleinen Gruppen vereint gepflanzt werden. Je nach den

A

B

C

D

A. **Händel,** *Strauchrose (McGredy 1965)*
B. **Eyepaint**, *Floribundarose (McGredy 1975)*
C. **Rosa centifolia «Cristata»** *(Châpeau de Napoléon), Strauchrose (Holland, 1796)*
D. **Rosa pimpinellifolia** *(R. spinossissima), Strauchrose (1600)*

gewählten Sorten benötigt ein Rosenstrauch eine Fläche von 1,5–7 m^2. Man kann sich bei der Sortenwahl über die jeweiligen Eigenschaften genau orientieren.

Vorbereiten der Rosenstöcke fürs Pflanzen

Für das Pflanzen werden die Wurzeln, von der Veredlungsstelle nach unten gemessen, auf ca. 20 cm eingekürzt. Während bei der Herbstpflanzung an der Krone nur angebrochene Triebe anzuschneiden sind, wird die Krone im Frühjahr einem regelrechten Schnitt unterzogen. Die kräftigen Triebe werden auf 5, die schwächeren auf 4 – 3 Augen zurückgeschnitten, die schwachen werden ganz weggenommen. Auch die Kletter- und Strauchrosen müssen im Frühling nach der Pflanzung kräftig zurückgeschnitten werden.
Herumgelegene oder aus dem Kühlhaus stammende Pflanzen müssen vor dem Setzen mindestens 12 Stunden vollständig (Wurzeln und Krone) ins Wasser gelegt werden. Das Eintauchen der Wurzeln in einen Lehmbrei, bis über die Veredlungsstelle hinaus, begünstigt das Anwachsen.

Das Pflanzen

Die Pflanzarbeit sollte nur bei genügend abgetrocknetem Boden vorgenommen werden. In nasse Böden gepflanzte Rosen sind der Wurzelfäule ausgesetzt.
Die Pflanzöffnung muß so groß und tief sein, daß die Wurzeln *senkrecht* in den Boden zu stehen kommen. Sie sind gut in die Erde einzubetten. Wenn die Pflanzöffnung bis zur Hälfte mit Erde eingefüllt ist, wird gründlich angegossen, ca. 5 Liter Wasser pro Pflanze. Nach dem Versiegen des Wassers wird die Pflanzgrube endgültig mit Erde eingefüllt, so daß die Veredlungsstelle *5 cm* unter die Erdoberfläche zu liegen kommt. Sowohl zu hohes als auch zu tiefes Pflanzen muß unbedingt vermieden werden! Bei den Stammrosen ist an der Pflanzstelle der Pfahl einzuschlagen, bevor gepflanzt wird. Die Wurzeln dürfen nur mit ca. 10 cm überdeckt werden. Dies erleichtert uns ein eventuelles Entfernen der Wildtriebe wesentlich. Die Stämme werden am besten mit einer Kokosfaserschnur am Pfahl festgebunden. Der Pfahl soll über die Krone hinausragen. Pro Stamm sind zwei Bunde notwendig. Der obere Bund ist unmittelbar unter der Krone anzubringen. Dabei wird eine Schnur durch die Krone gezogen, um ein Abbrechen zu verhindern.

Richtig gepflanzte und zurückgeschnittene Buschrose

Vor allem nach der Herbstpflanzung ist es ratsam, die Pflanzenzwischenräume mit jungem, strohigem Mist oder kurz geschnittenem Stroh (5 cm) zu bedecken. So wird im Frühjahr ein zu frühes Austreiben verhindert, und die Decke dient zugleich als Frostschutz. Sind wir gezwungen, Rosen zur Unzeit (z. B. mitten im Sommer) zu versetzen, so ist vor dem Verpflanzen die Krone kräftig zurückzuschneiden. Die Wurzeln werden nur leicht eingekürzt, wobei wir vor allem die verletzten Teile anschneiden. Gründliches Angießen und spätere vorsichtige Pflege sind hier wichtig.

Pflege der Rosen

Wer seinen Rosen eine regelmäßige Pflege zuteil werden läßt, wird bedeutend weniger Mühe mit seinen Pfleglingen haben. Zudem bereiten sie ihm viel Freude!

Schneiden der Rosen
Für die Schnittarbeit sollten scharfe, gut schneidende Werkzeuge verwendet werden. Der ideale Zeitpunkt ist, mit Aus-

nahme der einmalblühenden Kletterrosen, stets das Frühjahr, wenn die Rosen beginnen, neues Leben zu zeigen (Quellen der Knospen). Wenn Rosen nicht im Herbst geschnitten werden und ihre Veredlungsstellen mit Erde bedeckt sind, wird ihnen der Winter kaum etwas anhaben können.

Die *Buschrosen* aller Klassen, inklusive der Miniaturrosen, werden dem gleichen Schnittsystem unterzogen.

Der Rückschnitt hat sich immer nach der Stärke der einzelnen Triebe zu richten. Die Ausführung des Schnittes ist stets etwa 5 mm über einem Auge auszuführen. Dabei ist folgende Regel zu befolgen:

> Extrem starke Triebe sind auf 7 Augen, normal starke Triebe auf 5 Augen, mittelstarke Triebe auf 3 bis 4 Augen und ganz schwache Triebe vollständig, d. h. 3 mm über der Auswuchsstelle zu entfernen.

Leicht austreibendes Auge. Die darunterliegende Narbe ist die ehemalige Auswuchsstelle des Blattstieles

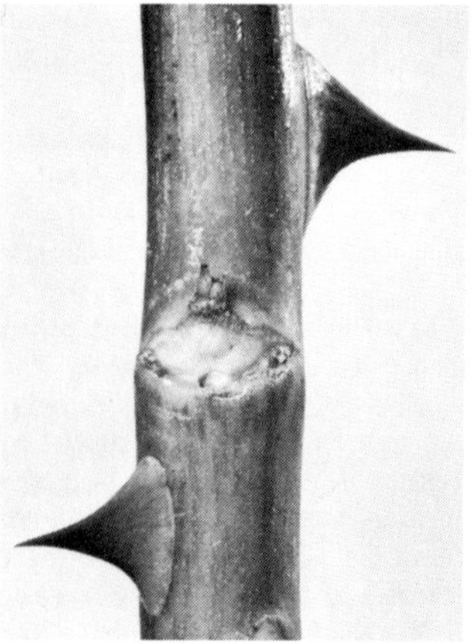

Auf sogenannten Astring zurückgeschnittener Seitentrieb

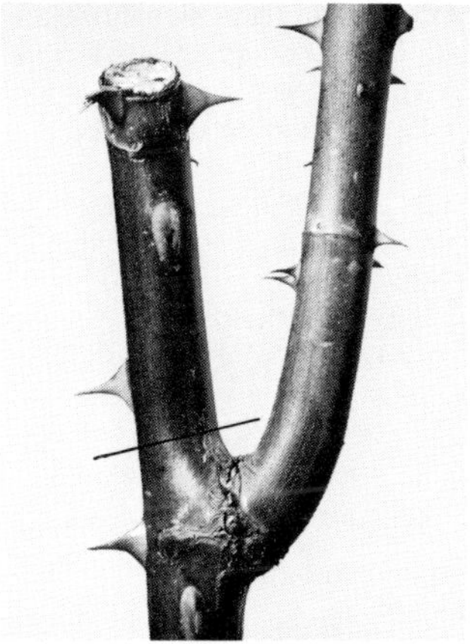

Das kurze Triebstück links muß nahe am rechten Seitentrieb (siehe Strich) weggeschnitten werden.

Richtig ausgeführter Schnitt. Man beachte die Stellung des Auges zur Schnittfläche

Man darf nie nach Zentimetern arbeiten, denn die Knospenabstände (Internodien) sind von Sorte zu Sorte sehr verschieden. Vor dem eigentlichen Schnittbeginn ist jeweils alles kranke und dürre Holz bis zu den gesunden Stellen herauszuschneiden. Erst jetzt kann mit der eigentlichen Schnittarbeit begonnen werden. Einjährige Triebe mit dunkelbraunem Mark sind nicht lebensfähig, deshalb ist möglichst bis auf das weiße Mark zurückzuschneiden. Der Schnitt selbst ist immer leicht schräg vom Auge weg auszuführen, damit das Wasser nicht direkt in die Knospe läuft. In welcher Stellung die einzelnen Augen am Trieb stehen sollen, ist unwichtig, bedeutender ist der Zustand der Augen. Auch die Zahl der Triebe an einer Pflanze spielt keine Rolle. Es ist auch bedeutungslos, wenn sich einzelne Triebe leicht kreuzen.

Buschrose vor dem Frühjahrsschnitt

Gleicher Rosenbusch nach ausgeführtem Schnitt

Bei den *Stammrosen* wird der Schnitt in ähnlicher Weise durchgeführt wie bei den Buschrosen, nur daß hier alle Triebe um 1 – 2 Augen kürzer zu schneiden sind. Zudem ist es von Vorteil, wenn die kräftigen, kronenformenden Triebe auf *außenstehende* Augen geschnitten werden. Nach Beendigung der Schnittarbeit sind die Pfähle und die Bunde auf ihre Tauglichkeit zu prüfen und eventuell neu anzubringen.

Beim Schnitt der *Kletter- und Hängerosen* müssen wir zwei Gruppen unterscheiden: die *einmalblühenden,* kleinblumigen und die *dauerblühenden* (Climbing-)Kletterrosen. Auch die als Hängerosen gezogenen Pflanzen gehören zu den Kletterrosen. Die Einmalblühenden treiben an den einjährigen Trieben Blüten und die Dauerblühenden am zwei- und mehrjährigen Holz. Die ersteren werden deshalb von August bis September geschnitten, die letzteren erst im Frühjahr.

Bei den *einmalblühenden Kletterrosen* werden, wenn immer möglich, alle Triebe entfernt, die im Sommer geblüht haben. Dadurch erhalten wir viele gesunde, blühwillige junge Triebe.

Befinden sich an alten Trieben junge kräftige Seitentriebe, so entfernen wir den alten Triebteil über dem jungen Trieb. Nur ausnahmsweise lassen wir 1 – 2 alte Triebe stehen. An ihnen schneiden wir die Seitentriebe auf 3 – 2 Augen zurück, ganz schwache werden vollständig entfernt.

Die sogenannten *Dauerblühenden* (Climbing-Rosen) sind mit Zurückhaltung zu schneiden. Es dürfen beim alljährlichen Schnitt im Maximum 2 Triebe entfernt werden. Auf diese Weise verhüten wir einen Massenaustrieb, erhalten dafür aber einen reichen Flor. Die Seitentriebe an den alten Trieben werden je nach ihrer Stärke auf 5 – 2 Augen eingekürzt. Die ganz schwachen schneiden wir auf 3 mm zurück. Nach Beendigung der Schnittarbeit werden die behandelten Triebe *angebunden.* Wir vermeiden dabei, die Triebe zu Bogen zu binden, denn dadurch würden wir dort eine starke Seitentriebbildung auslösen, die kaum je zum Blühen käme. Kletterrosen an Spalierwänden sind fischgratähnlich anzuheften. Als Bindematerial verwenden wir Kokosschnüre und eine Hanfgartenschnur.

Auch die *Strauchrosen* sind in zwei Gruppen aufzuteilen: die *Einmalblühenden* und die *Dauerblühenden.*

Beim Wegschneiden verblühter Rosen beachte man die Führung der Schere

Rapperswil, *Teehybridrose (Huber 1975)*

Die Einmalblühenden und leicht nachblühenden Strauchrosen sind nur sehr sparsam zu schneiden. Eigentlich sollte hier nur das dürre Holz herausgeschnitten werden, sonst nichts. Dadurch erzeugen wir eine nur mäßige Neutriebbildung, dafür aber einen schönen Habitus und ein überaus reiches Blühen sowie bei vielen Sorten einen schönen Fruchtschmuck.
Bei den *Dauerblühenden* ist ein alljährlicher Frühjahrsschnitt unerläßlich. Die Schnittarbeit ist sehr ähnlich wie bei den Buschrosen, nur daß wir wesentlich länger schneiden, so daß

Friesia, *Floribundarose (Kordes 1973)*

ein solcher Strauch nach dem Schnitt 100 cm nie übersteigt. Auf diese Weise können wir die Sträucher im aktiven Wuchs und in der gewünschten Größe und Form erhalten.

Das Düngen

Um gesunde, blühwillige Rosen zu halten, ist der Boden reichlich mit Nährstoffen zu versorgen. Rosen sind nur dann die Zierde eines Gartens, wenn sie neben einem reichen Blühen auch über reichliches und gesundes Laubwerk verfügen. Nur

wenn der Boden durch den im Handel erhältlichen Rosendünger mit genügender organischer Substanz versorgt werden kann, erleben wir die erhoffte Rosenpracht.
Die organische Substanz wird mit Kuhmist, altem, reifem, gesundem Kompost und kurz geschnittenem Stroh (Häcksel) verabreicht. Es genügt, wenn wir nur jedes zweite Jahr Humusstoffe zugeben. Am besten werden sie im Herbst, vor der Einwinterung, zwischen die Pflanzen gebracht.
Wir unterscheiden eine Herbst- und eine Frühjahrsdüngung.
Im *Herbst* verabreichen wir den Dünger erst ab November, auf den von Blättern befreiten Boden. Der Dünger wird in der Regel nicht in die Erde eingearbeitet. Pro m^2 geben wir ca. 150 g eines gebräuchlichen Rosendüngers.
Im *Frühjahr,* nach Beendigung der Schnittarbeit, verabreichen wir pro m^2 ebenfalls ca. 150 g Rosendünger, den wir mit dem Herbstdünger zusammen in den Boden einarbeiten. Man rechnet pro m^2 und Jahr ca. 300 g Rosendünger. Wurde Mist oder Kompost verabreicht, so kann die Gesamtmenge pro m^2 um 100 g reduziert werden. Bei extrem fetten Pflanzen ist die Menge nochmals um 100 g zu reduzieren.
Als Richtlinie für den Gehalt eines idealen Rosendüngers gelte:

7 % N (Stickstoff)
8 % P (Phosphorsäure)
11 % K (Kali, chlorfrei)
1 % Mg (Magnesium)

und zusätzlich noch verschiedene Spurenelemente, die zur Gesunderhaltung der Rosen viel beitragen. Bei schwächlichen und kränkelnden Pflanzen empfiehlt es sich, zur Frühjahrsdüngung zusätzlich 30—40 g Ammonsalpeter beizumischen, während bei Pflanzen, die zu mastig sind, anstelle von Ammonsalpeter 30—40 g Kalimagnesium (Patentkali) pro m^2 ausgestreut und in die Erde eingearbeitet werden. Solche zusätzlichen Dünger sollten bis Ende Juni verabreicht sein. Die immer wieder empfohlene Nachdüngung während der Sommermonate sollte nicht mehr durchgeführt werden, da wir dadurch Gefahr laufen, bis zum Herbst ungenügend ausgereiftes Rosenholz zu haben.
Eine *Blattdüngung* ist in Ausnahmefällen angezeigt; dann nämlich, wenn der Zustand der Rosen nicht befriedigt. Daran kön-

nen Krankheiten, starker Schädlingsbefall nach einem Unwetter oder auch Mangel schuld sein.
Die Blattdüngung wird am besten allein, also nicht mit den Pflanzenschutzpräparaten vermengt, angewendet. Hierfür eignen sich Nährlösungen wie zum Beispiel Lonzin, Wuxal usw. Auf 10 l Wasser verwenden wir 20 cm^3 Flüssigdünger, was eine 0,2 %-Konzentration ergibt. Ab August dürfen solche Dünger nicht mehr angewendet werden! Blattdünger ersetzen die Bodendüngung nie!

Bodenpflege
Rosen verlangen einen stets gut gepflegten Boden. Er ist der Ort, aus dem die Pflanzen das Wasser und die Nährstoffe schöpfen. Zudem müssen die Wurzeln ständig eine genügende Zufuhr von Sauerstoff aufweisen. Nur dann ist ein einwandfreies Wachstum möglich.
Deshalb müssen wir der Bodenpflege ganz besondere Aufmerksamkeit schenken. Dabei ist folgendes zu beachten: Den Boden *nie* in nassem Zustand bearbeiten, Boden zwischen den Pflanzen nicht unnötig betreten, ihn im Frühjahr 15 bis 18 cm tief bearbeiten. Für diese Arbeit verwenden wir am besten die zweizinkige «Rosengabel». Mit ihr wird die Erde entsprechend behutsam bearbeitet, und die Wurzeln der Rosen bleiben geschont.
Die bedeutendste Maßnahme erfolgt im Frühjahr, unmittelbar nach Beendigung der Schnittarbeit und nach Ausbringen des Düngers. Wurde der Dünger über die trockene Erde gestreut, dann rieselt er leicht bis zu den Wurzeln. Soll Mist oder Strohhäcksel mit eingearbeitet werden, so sollte etwas davon auf der Oberfläche liegenbleiben. Dadurch verhindern wir ein allzu leichtes Verkrusten der Erdoberfläche.
Wir tun gut daran, den Boden ständig locker zu halten. Durch unsere Füße festgetretene Stellen sind immer wieder zu lokkern. Bei diesen Arbeiten muß man stets bedacht sein, die Rosenpflanzen (Wurzeln, Wurzelhals und Veredlungsstelle) nicht zu verletzen. Die Veredlungsstelle soll sich immer im Boden befinden, sie darf aber auf keinen Fall mehr als 5 cm unter der Oberfläche liegen.

Silva, *Teehybridrose (Meilland 1964)*

Bewässern

Im allgemeinen wird das Wässern übertrieben. Wasser sollte, neben dem sogenannten Meteorwasser, erst dann verabreicht werden, wenn es der Zustand des Bodens wirklich erfordert. Man bedenke, daß Rosen Tiefwurzler sind, das heißt, daß sie je nach Bodenstruktur noch aus 150 cm Tiefe Feuchtigkeit ziehen. Sparsames Gießen begünstigt das Entfalten und Gesunderhalten der Wurzeln.

Rosen, die im ersten Jahr im Garten stehen, verlangen ein früheres Gießen, etwa nach zwei Wochen regenloser Zeit. Rosen-

bestände, die schon ein Jahr und mehr am gleichen Ort stehen, werden nur in ausgesprochenen Trockenperioden bewässert. Ausnahmen machen wir bei Rosen, die an einem trockenen Standort stehen, wie zum Beispiel in einer Hauswandrabatte oder im Regenschatten von Bäumen; dort ist ein regelmäßiges Gießen notwendig, ansonst sie krankheitsanfällig werden.
Rosen dürfen *nie bei vollem Sonnenschein* bewässert werden, denn dadurch würden wir die Bildung des Sternrußtaus begünstigen, der durch die Abkühlung der Blattmasse durch das kühle Gießwasser ausgelöst wird.

Stadt Rosenheim, *Strauchrose (Kordes 1961)*

Bei jedem Gießen müssen pro m^2 mindestens 25 l Wasser verabreicht werden, damit sich das Wasser mit der noch in den tieferen Regionen vorhandenen Feuchtigkeit vereinigen kann. Auf diese Weise legen wir zugleich auch eine Wasserreserve an, die sich dann auf das allgemeine Wachstum sehr positiv auswirkt.

Am vorteilhaftesten werden die Rosen mit einem gut funktionierenden Regner bewässert, was eine unnötige Verdichtung des Bodens verhindert. Der Regner soll einige Stunden am späten Abend oder über Nacht in Bewegung gesetzt werden. Sonnenschein ist während dieser Zeit, ob abends oder morgens, schädlich! Um die erforderliche Wassermenge zu verabreichen, muß der Regner 3 Stunden, je nach Durchflußvermögen, am gleichen Ort stehenbleiben. Der Regner ist so aufzustellen, daß er 50 – 80 cm über den Rosenpflanzen steht, damit das Wasser von oben herabfällt.

Dort, wo Rosen nicht beregnet werden können, wie zum Beispiel an Hauswänden, wird das Wasser am besten mit einem sogenannten Sickerschlauch in die Erde gebracht, wodurch wir ein allzustarkes Verdichten des Bodens weitgehend verhindern können. Ein nach dem Gießen eventuell verkrusteter Boden ist sofort nach dem Abtrocknen aufzulockern.

Entfernen verblühter Rosen

Wer regelmäßig mindestens einmal pro Woche die verblühten Rosen wegschneidet, regt ein intensives Nachblühen an. Je kürzer die Zeitabstände, um so wahrscheinlicher ist ein vollständiges Durchblühen.

Folgende Regeln sind bei dieser Arbeit zu beachten:

a. Bei den großblumigen Rosen (Teehybrid-, Remontant- und Floribunda-Grandiflora-Rosen) wird die verblühte Rose, von der Blüte her nach unten gezählt, über dem dritten Blatt mit zwei vollkommen entwickelten Blättern weggeschnitten. Bilden sich an einem Trieb mehrere Seitentriebe mit Blüten, so wird er nach dem Verblühen aller Rosen über dem ersten Blatt unter dem letzten Seitentrieb zurückgeschnitten.

b. Bei den in Büscheln blühenden Rosen (Polyantha-, Polyantha-Hybrid-, Floribunda-, Miniatur-, dauerblühenden Kletter-

und Strauchrosen) wird, nachdem die Rosen einer Dolde mehrheitlich verblüht sind, direkt über dem *ersten* Blatt unter der Dolde weggeschnitten. Der Schnitt soll immer sauber, etwa 5 mm über einem Auge, ausgeführt werden. Man darf nie planlos zurückschneiden!

Entfernen wilder Bodentriebe (Schosse)

Oft erscheinen direkt am Wurzelhals einer Rosenpflanze meist elegante, lange Triebe mit auffallenden Blättern und auffallender Bestachelung. Sie können je nach der Unterlage der betreffenden Rose sehr verschieden sein.

Um den Edelteil einer Pflanze nicht unnötig zu schwächen, sind diese Triebe, sobald wir sie erkennen, zu entfernen. Sie sollten nicht weggeschnitten, sondern *weggerissen* werden, denn dadurch können sich an ihrer Anwuchsstelle keine neuen Austriebe mehr bilden, was beim Wegschneiden nur noch in vermehrtem Maße erfolgen würde.

Winterschutz

Der Winterschutz spielt heute nicht mehr die große Rolle wie noch vor 20 Jahren. Die wesentlichste Voraussetzung für eine gute Überwinterung ist die Lage der Veredlungsstelle in der Erde. Befindet sie sich etwa 5 cm unter der Erdoberfläche, so geschieht einer Rosenpflanze nichts, auch wenn die über der Erde stehenden Triebe vom Winter arg in Mitleidenschaft gezogen werden. Dies ergaben neueste Erkenntnisse über die Kultur der Gartenrosen.

Im Spätherbst oder Vorwinter, je nach Landesgegend, können die Pflanzen etwas eingekürzt werden. Es muß aber nicht unbedingt sein. Nur in Gebieten mit stärkeren Schneeablagerungen ist ein Zurückschneiden notwendig. In Alpinregionen, wo bis 200 cm Schnee auf die Rosen zu liegen kommen, müssen sie auf ca. 15 cm zurückgeschnitten werden; so kann allzu starken Druckschäden vorgebeugt werden.

Befinden sich die Veredlungsstellen über der Erde, so müssen wir vor dem Einwintern — nach gründlichem Lockern des Bodens — die Pflanzenzwischenräume mit guter Ackererde so

einfüllen, daß die Veredlungsstellen wieder 5 cm unter die Erdoberfläche zu liegen kommen.
Rosen, die in Hauswandrabatten stehen, müssen vor dem Eintritt des Winters gründlich durchgewässert, dann eingekürzt und leicht mit Weißtannenästen beschattet werden.
Stammrosen sind von sämtlichen Blättern zu befreien und die Jungtriebe um die Hälfte einzukürzen. Alsdann werden sie auf die flache Erde gelegt, mit einem Asthaken am Boden fixiert, die Veredlungsstelle mit lockerer Erde eingedeckt und Stämmchen und Krone mit Deckreisig beschattet.

Beauté, *Teehybridrose (Mallerin 1953)*

Kletterrosen. Die unteren Partien werden entweder mit Deckreisig oder dünnem Sacktuch beschattet, damit die dicken Triebe von keinen Frostschäden (Frostplatten) befallen werden. Besteht die Möglichkeit, im Turnus von etwa zwei Jahren die Pflanzenzwischenräume mit jungem strohigem Mist oder Strohhäcksel zu belegen, so helfen wir in besonders förderlicher Weise mit, dem Boden den notwendigen Humus zu geben. Dadurch wird der Boden auch besser durchlüftet und das Wasser leichter in die Tiefe gebracht, was das Wurzelwachstum günstig beeinflusst.

Ilse Krohn superior, *Strauchrose (Kordes)*

Pflanzenschutz (Krankheiten und Schädlinge)
Die wichtigste Voraussetzung für eine erfolgreiche Rosenkultur ist stets das Befolgen aller wichtigen Kulturmaßnahmen; so besehen steht der Pflanzenschutz an letzter Stelle, denn was wir beim Vorbereiten des Bodens, bei der Sortenwahl, beim Pflanzen selbst und beim Düngen vernachlässigt haben, kann mit Pflanzenschutzpräparaten nicht mehr gutgemacht werden.
Mit dem Einsetzen der jeweiligen Schutzmaßnahmen muß schon begonnen werden, wenn die Pflanzen vollständig belaubt sind. Also nicht erst zuwarten, bis die Infektion durch Krankheiten bereits eingetreten ist oder Schädlinge die Rosen invasionsartig befallen haben.
Die Zahl der Schutzbehandlungen richtet sich nach der Witterung und dem Wachstumstempo, denn wir müssen versuchen, die *neu* hinzugewachsenen Pflanzenteile von Anbeginn mit einem Schutzfilm zu versehen. Dadurch kann die Häufigkeit der Behandlungen wesentlich reduziert werden, und ihre Wirksamkeit ist zudem besser.
Das *Herstellen* der Spritzbrühen muß immer genau nach den Gebrauchsanweisungen geschehen. Abweichungen — gleichgültig, ob nach unten oder nach oben — sind möglichst zu unterlassen.

Spray- und Stäubepräparate werden nur in kleinsten Beständen angewendet.
Beim *Einkauf* von Pflanzenschutzpräparaten sind für den Hausgarten nur solche der Klasse 4, 5 und 5S zu wählen. Sie sind im Handel frei erhältlich und dürfen nur in den Originalpackungen, trocken, frostfrei und verschlossen *aufbewahrt* werden. *Reste von angemachten Spritzbrühen* sind immer vollständig zu verspritzen, sie dürfen *nie* in die Kanalisation gegossen werden! Die leeren Packungen sind der Abfuhr mitzugeben.

Vereinfachte Pflanzenschutzmethoden
a. *Kleine Rosenbestände* werden in regelmäßigen Zeitabständen von ungefähr 10 bis 14 Tagen, je nach Witterung, behandelt. Sobald sich die Blätter entwickelt haben, wird mit der ersten Behandlung begonnen. Als Präparate kommen hier in Be-

tracht: Gesal Stäubemittel, Derux, Pirox usw. oder Spray-Präparate verschiedener Marken.
b. *Bei mittelgroßen und großen Beständen* werden vorteilhaft nur Spritzpräparate verwendet. Die erste Behandlung erfolgt ebenfalls, sobald sich die Blätter entwickelt haben. Dafür verwenden wir zum Beispiel Hortosan mit einer Beigabe von AlaxonD oder Basudin-Emulsion.
Für die späteren Behandlungen, wenn die Blätter ausgewachsen sind, stehen eine Reihe Präparate zur Verfügung, wie zum Beispiel: Horto-Rose, Gesal-Rosenspritzmittel, Pirox-fluid usw. Als rein insektenbekämpfende Präparate kommen AlaxonD, Basudin-Emulsion, Deril usw. in Frage. Bei der Insektenbekämpfung tun wir gut daran, die Präparatmarken abzuwechseln und bei starkem Befall in kurzen Zeitabständen (3 Tage) die Behandlung zu wiederholen. So können auch hartnäckige Schädlinge leicht vernichtet werden.

Winterspritzung

Vor dem Eintritt des Winters empfiehlt es sich, die freistehenden Rosenbestände mit einer sogenannten Winterbespritzung (Thiovit) zu behandeln, wobei alle Pflanzenteile sowie der von den Blättern gesäuberte Boden gründlich bespritzt werden müssen!

Technik des Stäubens und Spritzens

Die Stäubepräparate werden, wenn immer möglich, auf die taufeuchten Pflanzen gebracht, und zwar mit einer kräftigen Staubwolke, so daß die Blattoberseite und -unterseite mit dem Mittel in Berührung kommen. Der Belag soll nur leicht «filmartig» aufgetragen werden.
Die Spritzpräparate sind mit kräftigem Druck in einem feinen Spritznebel in die Pflanzenbestände zu bringen, so daß sämtliche Pflanzenteile, vor allem auch die Blattunterseite und Knospenpartien, von der Spritzbrühe eingenebelt werden und die Wirksubstanz die gefährdeten Stellen erreicht. Die jeweiligen Spritzgeräte müssen über einen kräftigen Druck verfügen, und die Düsen sollen eine feine Verteilung gewährleisten. Die Brühen sollten möglichst nicht abtropfen!

Kurze Übersicht der bedeutendsten Krankheiten und Schädlinge (mit Angabe der befallenen Pflanzenteile)

Blätter

Krankheiten: *Blattfleckenkrankheit,* verschieden geformte graue Flecken mit roter Umrandung.
Echter Mehltau, weißer mehliger Belag auf der Blattoberseite, der später die befallenen Pflanzenpartien überdeckt.
Falscher Mehltau, weißer Belag, vorwiegend auf der Blattunterseite, begleitet von einer leicht bläulichen Verfärbung.
Rosenrost, auf der Blattunterseite gelbe bis braunorangefarbene Sporenhäufchen, im Spätherbst schwarz gefärbt.
Sternrußtau, auf der Blattoberseite blauschwarze, unregelmäßige, strahlenförmige Flecken.

Schädlinge: *Blattläuse,* Blätter gekräuselt.
Blattwespenlarven, auf der Blattunterseite Vertiefungen ausgefressen.
Miniermotten, auf Blattoberseite helle bis braune unregelmäßige Miniergänge sichtbar.
Rosenblattrollwespe, Blätter eingerollt und herabhängend.
Rosenwickler, unregelmäßiger Fraß an den Blättern.
Spinnmilben (Rote Spinne), braunrote Verfärbung und späteres Abfallen der Blätter.
Tapezierbiene (Blattschneiderbiene), kreisrunde Segmente aus den Blättern ausgefressen.

Rechts:
A. **Echter Mehltau,** *befällt Blätter und Knospen.*
B. **Rost,** *auf Rosenblatt, tritt vor allem bei kühler und feuchter Witterung in Erscheinung.*
C. **Sternrußtau,** *kann bei ungünstigem Standort und kühler, feuchter Witterung verheerenden Schaden anrichten!*

A

B

C

Thrips (Blasenfuß), Blätter auf der Oberseite sind silbrig gesprenkelt.
Rosenzikade, die Blattoberseiten weisen eine gelbliche bis weiße Sprenkelung auf.
Mosaikkrankheit (Rosenvirus), Veränderung der Blätter, meist mosaikähnliche gelbe Sprenkelung.

Knospen und Blüten

Krankheiten: *Knospenfäule,* geschlossene Knospen weisen pockenähnliche Gebilde auf, später bildet sich ein grauer bis brauner Pilzrasen.
Echter und falscher Mehltau, der Blütenhals und die Knospen erhalten einen weißen, fleckigen Belag.

Schädlinge: *Blütenstecher,* plötzliches Knicken und Abfallen der Blütenknospen.
Rosenkäfer, zerfressene Rosenblüten und Knospen.
Thrips (Blasenfuß), Verkrüppelung und schlechtes Öffnen der Knospen.

Schädigungen an Stämmen, Zweigen und Trieben

Krankheiten: *Rindenbrandflecken-Krankheit,* auf der grünen Rinde vorjähriger Zweige — meist in der Umgebung der Augen — sind große Flecken sichtbar, die später blau, dann braun werden und ganze Triebe zum Eingehen zwingen.
Schaumzikade, Triebspitzen und Knospen sind stark gekräuselt, bei starkem Befall ist ein normales Weiterwachsen unmöglich.
Stengelfäule (Knospenstielfäule), die Knospen hängen, die Triebe beginnen zu welken und gehen ein.

Schädlinge: *Schildläuse,* die Blätter und Triebe vergilben, oft bildet sich auf der Blattoberseite Rußtau.
Triebbohrer, plötzliches Welken der Trieb-Enden. Am jungen Holz sind oft auch Bohrlöcher sichtbar.

Wurzeln

Krankheiten: *Hallimasch,* am Stammgrund und an den Wurzeln weißes hautartiges Gewebe. Bekämpfung kaum möglich, Standortwechsel.

Schädlinge: *Dickmaulrüßlerlarven,* kümmerliches Wachstum, angefressene Wurzeln.
Engerling, meist im Jahr nach dem Maikäferflug, plötzliches Vergilben und Absterben ganzer Pflanzen lassen auf Engerlingfraß schließen.

Physiologische und mechanische Schäden

Bodenmüdigkeit

Allgemeines kümmerliches Wachstum, die Blüten werden immer kleiner, die dem Boden nahestehenden Blätter fallen vorzeitig ab, die jungen Triebe entwickeln sich nur kümmerlich. Die *Ursache* liegt in ungenügend gepflegtem Boden, in dem sich Rückstände von Rosenwurzeln befinden. Auch einseitige Düngung kann daran beteiligt sein, ausnahmsweise auch Wurzelälchen (Nematoden).
Behebung: Eine eigentliche Behebung eines solchen Zustandes gibt es nicht. Solche Rosenbeete werden am besten abgeräumt und an einem andern Ort wieder neu gepflanzt.

Gelbsucht (Chlorose)

Vollständig hellgelbe Blätter, wobei die Blattnerven meist grün sind, lassen auf Gelbsucht schließen. Das Gelbwerden beginnt vorwiegend an den Spitzen der Triebe. Die Ursache ist in ungünstigen Bodenverhältnissen, ungenügender Durchlüftung und stagnierender Feuchtigkeit sowie in außergewöhnlichen chemischen Vorgängen im Boden zu suchen. Um diesem Übel beizukommen, ist vorerst der Boden mit der Rosengabel gründlich, tief und pflanzenschonend zu lockern, damit er gut durchlüftet wird. In sehr tonhaltigen Böden sollte sauberer, körniger Sand eingearbeitet werden. Auch gut verrotteter Kuhmist erweist wertvolle Dienste. Schließlich kann eine Behandlung des Bodens mit «Gesal Pflanzen Tonic» (Sequestren) noch helfen.

Mme Grégoire Staechelin, *Kletterrose (Dot 1927)*

Wenn all dies nicht zum gewünschten Erfolg führen sollte, sind die betroffenen Rosen an einen neuen Standort, mit sorgfältig vorbereitetem Boden, zu verpflanzen.

Blattveränderungen durch Magnesiummangel
Blätter, die vom Rande her und zwischen den Blattrippen vergilben und später verbraunen, lassen auf Magnesiummangel schließen. Bei der Verwendung der Düngemittel muß deshalb immer auf den nötigen Gehalt an Magnesium geachtet werden.

Rosa chinensis «Viridiflora» *(die grüne Rose), Strauchrose (1743)*

Bei Mangelerscheinungen kann bis Anfang Juni mit einer Gabe von 40 g Kalimagnesium (Patentkali) pro m^2 zusätzlich nachgeholfen werden. Durch Blattbespritzungen mit Magnesium kann man bei Anfangserscheinungen einen größeren Schaden verhindern.

Sonnenbrand
Wenn die Rosenknospen mit gekrümmtem Stiel gegen die Erde hängen, ist dies ein Anzeichen von Sonnenbrand. Der der Son-

nenseite zugewandte Stielteil weist schwarze Flecken auf, zudem fühlt sich der Stiel hart an. Vorwiegend Rosen an zu heißen, trockenen Standorten (Hauswandrabatten) werden davon befallen. Vom Sonnenbrand geschädigte Knospen werden mit zwei Blättern weggeschnitten.

Blinde Triebe (Triebe ohne Knospen)
Die Ursache liegt oft in der Eigenschaft einzelner Sorten, in ungeeignetem Standort, in zu einseitiger Stickstoffdüngung oder im Befall durch Gallmücken. Stellen wir bei extrem langen Trieben sogenannte «leere Triebe» fest, so werden sie am besten niedergelegt und an Nachbarpflanzen festgebunden. Aus den Augen solcher Triebe bilden sich bald Blütentriebe mit Rosen, meist jedoch nur auf kurzen Stielen.
Sind die Trieb-Enden stumpf, so daß sie kein Weiterwachsen mehr erlauben, dann werden sie mit zwei Laubblättern weggeschnitten. Den weggeschnittenen Teil muß man vernichten, weil sich in ihm die Larven der Gallmücken befinden!

Rosen für die Bepflanzung von Schalen, Balkonkisten und Wannen

Damit sich die Rosen in den Gefäßen ungehemmt entfalten können, müssen sie genügend Erde aufnehmen können. Es werden vorwiegend *Gefäße* aus Eternit und Zement verwendet. Ihre Ausmaße sollten sich ungefähr in folgenden Normen bewegen:
40 cm tief/40 cm breit/60 cm lang
50 cm tief/40 cm breit/80 cm lang
60 cm tief/60 cm breit/100 cm lang
Als Minimalmaße gelten: 18 cm tief/17 cm breit/60—100 cm lang
Ins letztere Mindestausmaß-Gefäß können nur Miniaturrosen gepflanzt werden. Im übrigen können beliebige Behälter verwendet werden, die über ähnliche Maße verfügen.
Als *Erde* wird humusreiche, lockere Ackererde verwendet. Es ist vorteilhaft, verrotteten Kuhmist beizugeben.
Die Rosen werden vorzugsweise im Frühjahr gepflanzt. Dadurch weichen wir dem Überwinterungsrisiko aus, denn im Ge-

fäß nicht angewachsene Pflanzen nehmen über Winter leicht Schaden.
Für das *Bepflanzen* von Gefäßen werden — je nach ihrem Ausmaß — Polyantha, Floribunda- und Miniaturrosen und nur ausnahmsweise niedere Edelrosen-Sorten (siehe Sortenzusammenstellung) verwendet.
Es ist unerläßlich, daß jedes Gefäß über Wasserabzugöffnungen verfügt, denn stehendes Wasser ertragen die Rosen überhaupt nicht. Über die Abzuglöcher müssen Topfscherben gelegt werden, damit sie nicht verstopfen. Bei den größeren Gefäßen belegen wir den Boden mit ca. 5 cm «Leca-Blähton» (1—1,5 cm Durchmesser). Dadurch wird der ganze Erdbestand gut durchlüftet. Die einzufüllende Erde darf *nie* naß sein.
Wir verwenden Pflanzen mit einem möglichst *kurzen* Wurzelhals (ca. 7 cm). Auf diese Weise können die Rosen tief genug gepflanzt werden, was ein sichereres Überwintern gewährleistet.
Die zum Pflanzen vorgesehenen Rosenstöcke sind unbedingt während mindestens 12 Stunden vollständig ins Wasser zu legen, damit sich Wurzeln und Kronenhals mit Feuchtigkeit vollsaugen können. Nur dadurch wird ein gutes Anwachsen ermöglicht. Nach dieser Zeitspanne werden die Wurzeln dann auf ca. 20 cm, bei den Miniaturrosen auf ca. 12 cm eingekürzt, damit wir sie auch in den Gefäßen senkrecht in die Erde setzen können. Die Kronen werden vor dem Pflanzen ebenfalls möglichst kurz, d. h. auf 5—3 Augen (ganz schwache Triebe auf die Anwuchsstellen), zurückgeschnitten. Wir müssen uns bemühen, daß die Veredlungsstelle auch hier in die Erde zu liegen kommt. Jede einzelne Pflanze muß reichlich angegossen werden, damit die Wurzel vollständig in die Erde eingebettet ist.
Es ist von Vorteil, die Pflanzenzwischenräume mit ganz kurz geschnittenem Stroh (3 — 5 cm) oder verrottetem Kuhmist abzudecken. Dadurch verhindern wir ein zu schnelles Verkrusten und Austrocknen der Erde, was ein rascheres und sicheres Anwachsen garantiert. Bei den mindestens seit einem Jahr in Gefäßen stehenden Rosen wird der Schnitt im *Frühjahr* durchgeführt. Im allgemeinen schneidet man 1 —2 Augen kürzer als im Freiland. Sonst unterscheiden sich die Schnittarbeiten nicht.

Nach Abschluß des Schnittes werden 200 g Rosendünger pro m^2 verabreicht (es ist deshalb für jedes Gefäß die m^2-Fläche auszurechnen). Er ist möglichst tief (10 — 15 cm) in die Erde einzuarbeiten. Nur bis Ende Juni darf pro m^2 zusätzlich 30 — 40 g eines mineralischen Rosendüngers zugegeben werden. Er wird leicht in die Erde eingezogen. Ausnahmsweise kann man auch hier mit einer Blattdüngung nachhelfen.
Dem *Wässern* muß ganz besondere Beachtung geschenkt werden! Wir dürfen die Erde *nie* vollständig austrocknen lassen! Zuviel Nässe ist ebenfalls schädlich. Das Wasser darf nur am späten Abend verabreicht werden, ansonst wir der Entfaltung von Krankheiten Vorschub leisten würden!
Übrige Pflege und Pflanzenschutz unterscheiden sich nicht gegenüber denjenigen für Gartenrosen (siehe jene Abschnitte!)
Die *Überwinterung* erfordert etwas mehr Aufwand, als wir es uns sonst gewohnt sind. Die Triebe werden leicht eingekürzt.

Miniaturrosen, *«Rosada» (rosa), «Pour toi» (perlmutterweiß), Polyantharose «Margo Koster» (lachsorange). Erfolgreich in Blumenkisten und Schalen kultiviert.*

Albertine, *Kletterrose (Barbier 1921)*

Vor Einbruch des Winters ist die Erde gründlich zu durchnässen, damit sie über Winter nicht austrocknet. Die Pflanzenzwischenräume werden mit Strohhäcksel (ca. 5 cm langes Stroh) oder halbverrottetem Mist abgedeckt; auf Torfmull ist zu verzichten! Dann wird der ganze Pflanzenbestand mit nicht zu schweren Weißtannenästen *beschattet.* Es ist kein eigentlicher Wärmeschutz zu geben. Wir lassen sie bis Mitte/Ende März auf den Pflanzen liegen. Bei eventuell zu erwartenden Spätfrösten ist es gut, wenn wir dann die Äste noch für den Frostschutz auflegen, denn hier beginnt die Vegetation relativ früh.

Gartenrosen, für die Vase geschnitten

Wer im Garten Rosen zum Einstellen in Vasen schneiden möchte, wählt hierzu den Morgen oder den späten Nachmittag. Vor allem halten am Morgen oder gegen Abend geschnittene Rosen wesentlich länger als tagsüber geschnittene, denn Triebe, Blätter und Blüten sind zu dieser Zeit eher von Wasser gesättigt. Auch sind sie am Abend, vor allem nach sonnigen Tagen, mit mehr Kohlehydrat angereichert, und die Pflanze hat sich auf einen geringeren Wasserverbrauch eingestellt.
Pro Rosenstock sollten auf einmal nie mehr als zwei Rosen mit höchstens drei Blättern weggenommen werden, sonst werden die betreffenden Pflanzen zu sehr geschwächt. Man mache sich zur Pflicht, nie geschlossene Knospen zu schneiden! Die geschnittenen Rosen sind sogleich tief ins Wasser zu stellen und an einen kühlen, windstillen Ort zu bringen. Erst einige Stunden später befreit man dann die unteren Partien der Stiele von den Blättern und Stacheln. Dabei darf die Epidermis nicht verletzt werden. Das Stielende schneidet man mit einem scharfen Messer (nicht Schere!) lang und schräg ab und stellt die Rose sofort wieder möglichst tief ins Wasser der Vase.
Rosensorten mit großen Blattabständen (Internodien), wie zum Beispiel «Sutters Gold», «King's Ransom», «Carina» usw., eignen sich für Schnittzwecke besser als Sorten, bei denen die Blätter nur wenige Zentimeter voneinander entfernt angeordnet sind, wie zum Beispiel «Crimson Glory», «Joséphine Bruce» usw. Deshalb sollten wir uns bei Neuanpflanzungen stets die Möglichkeit vor Augen halten, später geeignete Schnittrosensorten im Garten finden zu können. Bei den jeweiligen Sortenbeschrieben wurde darauf hingewiesen.

Die Arbeit im Rosengarten auf Termin

Der Kalender spielt bei der Pflegearbeit im Rosengarten eine viel größere Rolle, als man allgemein annimmt. Deshalb sollen nachfolgend die wichtigsten Arbeiten, nach Monaten geordnet, aufgeführt werden:

Januar—Februar

Die beiden Monate tragen meist einen winterlichen Charakter. Wenn auch der Februar vereinzelt warme, frühlingshafte Tage bringt, so darf man sich davon doch nicht verleiten lassen, im Rosengarten schon Arbeiten auszuführen.

Dagegen ist diese Zeit besonders geeignet, sich der Rosenliteratur zu widmen.

März

Rosen in Kisten und Schalen werden Ende dieses Monats geschnitten, da sie in der Regel früh austreiben.

Die im Garten stehenden sind dann zu schneiden, wenn die Knospen (Augen) auch in den unteren Pflanzenpartien quellen! Dabei ist jedoch stets der Witterungsverlauf zu beachten. Je nach Landesgegend und Lage können die Rosen oft erst im April geschnitten werden. Die Rosenabschnitte sind peinlichst aus den Beeten zu entfernen und zu vernichten.

April

Die im März nicht abgeschlossenen Arbeiten werden beendet, zum Beispiel das Schneiden, Düngen und das Bearbeiten des Bodens. Das Ausbringen der Dünger und das Lockern des Bodens sollte nur bei gut abgetrocknetem Boden erfolgen. Die Erde ist unbedingt 15—18 cm tief zu bearbeiten.

Ideale Pflanzzeit für Rosen aller Klassen und Formen!

Bei anhaltend trockenem Wetter eventuell die Rosen in den Gefäßen begießen

Mai

Bereits beginnen die ersten Strauchrosen zu blühen. Bei Trokkenheit Rosen wässern, vor allem frischgepflanzte, aber nur nachts. Ist der Boden abgetrocknet, muß die verkrustete Oberfläche sofort gelockert werden.

Sind die Rosenpflanzen vollständig beblattet, wird der erste vorbeugende Pflanzenschutz ausgeführt.

Juni

Um bei unseren Rosen ein fortwährendes Blühen zu sichern, sind die verblühten Rosen regelmäßig zu entfernen. Bei den

einmalblühenden Kletter- und Strauchrosen belassen wir die Blütenstände. Einzelne Sorten der Strauchrosen bringen uns ja herrlichen Fruchtschmuck.
Kranke Blätter sind regelmäßig einzusammeln und zu vernichten. Kranke Triebe werden ebenfalls regelmäßig aus den Beeten entfernt.
Der Pflanzenschutz darf nicht vernachlässigt werden. Eine eventuell notwendige Düngernachhilfe, zum Beispiel mit Ammonsalpeter oder Patentkali, muß unbedingt noch in diesem Monat vorgenommen werden.

Juli
Der Juli, oft sehr heiß, läßt die Rosen rasch verblühen. Deshalb sollten zu dieser Zeit jeden zweiten Tag die verblühten Blumen weggeschnitten werden. Bei großer Trockenheit und leichten Böden muß dem Gießen die nötige Beachtung geschenkt werden.
Achtung! Ausgeprägte Mehltaugefahr! Die Polyantha- und Floribundarosen sind bei heißem Juliwetter vom Befall durch Spinnmilben bedroht! Den Pflanzenschutz nicht vernachlässigen und dabei exakte Arbeit verrichten. Entsprechende Präparate wählen!

August
Bei kühler und feuchter Witterung besteht die Gefahr von Rost- und Sternrußtau.
Eventuell auftretende Wildtriebe (Schosse) wegreißen!
Am Boden umherliegende Blütenblätter einsammeln und vernichten.
Sofern nötig wässern, aber nur nachts!
Die einmalblühenden, kleinblumigen Kletterrosen werden Ende Monat oder im September geschnitten! Dabei möglichst alle Triebe, die Blüten trugen, entfernen. Die jungen Triebe werden fischgratähnlich aufgebunden; keine Bogen bilden!
Für Neupflanzungen suchen wir jetzt die Rosensorten aus. Rosenstecklinge von kleinblumigen Kletterrosen werden jetzt geschnitten und gesteckt.

September

Er bringt eine aparte Note in den Rosengarten, da die Rosenblüten eine ganz besondere Herbstpatina erhalten. Die Pflege darf auch jetzt im Herbst auf keinen Fall vernachlässigt werden, denn wir sollten die Rosen möglichst gesund in den Winter bringen. Für Neupflanzungen wird jetzt der Boden mit aller Sorgfalt vorbereitet. In Alpinlagen (1200—1600 m ü. M.) sind die Buschrosen auf ca. 15 cm zurückzuschneiden, um allzu große Schneedruckschäden zu verhüten.

Oktober

Auch zu dieser Zeit dürfen wir die Pflege nicht vernachlässigen. Auf dem Boden liegende Laubblätter müssen unbedingt laufend eingesammelt und vernichtet werden. Solcherart können wir der Ausbreitung der gefährlichsten Rosenkrankheiten, dem Rost und Sternrußtau, entgegenkommen.

November

Ende November wird die sogenannte Winterspritzung durchgeführt. Nachher verabreichen wir auf den gesäuberten Boden die Herbstdüngung. Sie wird in der Regel nicht eingearbeitet, denn die Erde sollte im Herbst zwischen den Pflanzen nicht gewendet werden. Diese Arbeit muß im Frühling vorgenommen werden. In exponierten Lagen werden die Stammrosen auf die Erde gelegt und die Veredlungsstelle mit Erde eingedeckt. Buschrosen in Hauswandrabatten sowie Kletterrosen an Hauswänden, Mauern usw. erhalten einen leichten Sonnenschutz! Hauswandrabatten sind vor Einzug des Winters gründlich durchzuwässern!

Dezember

Noch nicht beendete Winterarbeiten sind abzuschließen. Das Einkürzen der Rosen sollten wir im Mittelland nur behutsam vornehmen! Die Pflanzenzwischenräume können — alle zwei Jahre — mit Stroh enthaltendem Kuhmist oder Strohhäcksel belegt werden.

Pflanzenschutzpräparate sind frostfrei und die Düngemittel trocken aufzubewahren!

Vereinigungen der Rosenfreunde

Durch den Zusammenschluß der Rosenfreunde in verschiedenen Ländern und ihren Regionen ergibt sich die Möglichkeit, Fragen und Probleme rund um die Rose zu erörtern. Dadurch können auch die menschlichen Beziehungen der Gleichgesinnten untereinander gefördert und vertieft werden.

Nachfolgend seien einige Vereinigungen von Rosenfreunden aufgeführt:

Belgien:	Société Nationale «Les Amis de la Rose», gegründet 1923. Zeitschrift: «Rosa Belgica.»
Deutschland:	Verein Deutscher Rosenfreunde, gegründet 1833, 4500 Mitglieder. Vierteljahreszeitschrift: «Der Rosenbogen» sowie das Rosenjahrbuch.
Frankreich:	La Société Française des Roses, mit Sitz in Lyon, Parc de la Tête d'Or, 17 000 Mitglieder. Vierteljährliche Zeitschrift: «Les Amis des Roses».
England:	Royal National Rose Society, gegründet 1858, ca. 60 000 Mitglieder; sie gibt seit 1906 ein Jahrbuch heraus.
Italien:	Associazione Italiana della Rosa, gegründet 1963, 2000 Mitglieder. Seit 1965 Herausgeberin eines Jahrbuches.
Schweiz:	Gesellschaft Schweiz. Rosenfreunde, gegründet 1959, 3000 Mitglieder. Sie gibt ein monatliches Beratungsbulletin «Das kleine Rosenblatt» und einmal pro Jahr «Das Rosenblatt» als bibliophile Schrift heraus.

Ebenso bestehen auch in Indien, Japan, Kanada, Neuseeland, Niederland, Polen, Südafrika, Tschechoslowakei und den Vereinigten Staaten von Amerika solche Vereinigungen.

Hallwag Taschenbücher

(Sommer 1978)

3 Unsere Vögel
5 Unsere Bäume
6 Das kleine Anglerbuch*
7 Schmetterlinge und Nachtfalter
8 Karte und Kompaß
9 Wetterkunde
10 Unsere Pilze
14 Unsere Hunde
15 Baustilkunde
16 Chemie
18 Alpenblumen
19 Käfer und andere Insekten
20 Möbelstilkunde
22 Einführung in die Elektrotechnik
23 Wiesenblumen I
24 Wiesenblumen II
27 Waldblumen
28 Mikroskopieren
29 Unsere Sträucher
32 Besser fotografieren
33 Heilpflanzen
34 Tiere im Zoo
35 Moorpflanzen*
36 Verkehrsflugzeuge*
38 Zimmerpflanzen und ihre Pflege
41 Die Biene
42 Einführung in die Astronomie
45 Druckgraphik
49 Der Briefmarkensammler
53 Schiffe und Schiffahrt
54 Unsere Katzen
57 Muscheln am Meer
61 Kakteen
64 Berufslexikon für Mädchen (Schweiz)
66 Berufslexikon für Knaben (Schweiz)
68 Schach für Anfänger
69 Das Atom als Energiequelle
70 Minerale und Gesteine
71 Geologie
74 Kleine Münzkunde